湖北省社会科学基金一般项目(后期资助项目)"数字图书馆生态链协调运行研究"(项目批准号:HBSKJJ20233252)、教育部产学合作协同育人项目"新时期外文文献信息资源保障与服务利用研究"(项目批准号:231005469164751)及湖北省高等学校图书情报工作委员会科研基金研究项目"基于云平台的高校图书馆流通日志共建平台的研究与开发"(项目批准号:2022-ZD-05)研究成果

数字图书馆生态链协调运行研究

程彩虹 著

东南大学出版社
SOUTHEAST UNIVERSITY PRESS
·南京·

图书在版编目(CIP)数据

数字图书馆生态链协调运行研究 / 程彩虹著. 南京：东南大学出版社，2024.8. -- ISBN 978-7-5766-1494-7

Ⅰ. G250.76

中国国家版本馆CIP数据核字第2024CX8673号

| 责任编辑 | 弓　佩 | 责任校对 | 子雪莲 |
| 封面设计 | 王　玥 | 责任印制 | 周荣虎 |

数字图书馆生态链协调运行研究
Shuzi Tushuguan Shengtailian Xietiao Yunxing Yanjiu

著　　者	程彩虹
出版发行	东南大学出版社
社　　址	南京市四牌楼2号　邮编：210096
出 版 人	白云飞
网　　址	http://www.seupress.com
经　　销	全国各地新华书店
印　　刷	广东虎彩云印刷有限公司
开　　本	880 mm×1230 mm　1/32
印　　张	6.625
字　　数	166千
版　　次	2024年8月第1版
印　　次	2024年8月第1次印刷
书　　号	ISBN 978-7-5766-1494-7
定　　价	52.00元

本社图书若有印装质量问题，请直接与营销部调换，电话(传真)：025-83791830。

前　言

　　数字图书馆生态链是网络信息生态链中的一种服务信息生态链，从生态学的角度来研究数字图书馆生态链的协调运行问题，可以进一步丰富网络信息生态链的理论研究内容，为数字图书馆生态链的节点主体提供实践指导，为数字图书馆生态链资源配置的最优化提供新的思路，有利于提升数字图书馆生态链的信息流转效率，为行业或者政府加强数字图书馆生态链的协调管理提供咨询服务。国内外学者对数字图书馆的概念、运行模式、信息流转等均有一定的研究，但专门关于数字图书馆生态链理论和协调运行方面的研究还不多，缺乏对数字图书馆生态协调运行标志的研究，也缺乏对数字图书馆生态协调运行影响因素及其作用机制的深入探讨。本书在借鉴国内外相关研究的基础上，综合运用多种相关理论和研究方法，界定了数字图书馆生态链协调运行的标志；确定了数字图书馆生态链协调运行的影响因素，并对相关作用机制进行了分析；在对数字图书馆生态链运行的协调度进行评价的基础上，分析了数字图书馆生态链运行不协调的主要原因，并提出了具体的优化方略。

　　本书的主要内容如下：

　　第一章为绪论。阐述了数字图书馆生态链协调运行的研究背景、理论与实践意义；从数字图书馆生态链研究现状、网络信息生态链运行研究现状以及数字图书馆协调运行研究现状三个方面对国内外研究成果进行了梳理和综合评析；提出了数字图书馆生态链协调运行的研究目标、研究内容、研究思路和研究方法。

第二章为数字图书馆生态链协调运行的基础理论研究。在厘清数字图书馆、信息生态链等相关概念的基础上，界定了数字图书馆生态链的概念；剖析了数字图书馆生态链的结构要素与结构模型；总结了数字图书馆生态链的运行机制，为后续研究提供理论支撑。

第三章对数字图书馆生态链协调运行的标志进行了界定。基于已有的相关文献，阐述了数字图书馆生态链协调运行的概念与特征；拟定了数字图书馆生态链协调运行标志的访谈大纲，使用个人访谈法，对20名受访者进行了深度访谈，并对访谈结果进行了分析、归纳和总结，提出了数字图书馆生态链协调运行标志的初步结果；利用专家调查法，对访谈结果进行再次调查、分析，确定了数字图书馆生态链协调运行的标志，即节点间信息供求匹配、链中无无序竞争、各节点主体分工协作合理、链中节点主体关系和谐；最后，对数字图书馆生态链协调运行的标志进行了分析与解读。

第四章对数字图书馆生态链协调运行的影响因素及其作用机制进行了研究。通过分析数字图书馆协调运行主体之间的关系，构建了数字图书馆生态链协调运行影响因素的假设模型，分别选择影响因素对数字图书馆生态链节点间信息供求匹配、链中不存在无序竞争、链中各节点主体分工协作合理情况以及链中信息主体关系和谐程度的影响作出理论假设；然后，在反复研究、探讨和修正的基础上，确定了最终的调查问卷，并选择数字图书馆生态链上的各类信息主体代表作为实证调研的对象，采用纸质问卷和网络问卷相结合的方式发放问卷；接着，对样本数据的信度和效度结果进行分析，笔者认为达到了较好的收集效果，适合用于结构方程的统计分析；之后，将调研数据导入设定好的数字图书馆生态链协调运行影响因素的结构模型中，通过分析和调整模型，使模型适配度达到合理标准，验证结果表明，链的结构对链中无无序竞争和链中分工协作合理不产生正向影响，其他因素均产生正向影响关系；

最后,对数字图书馆生态链协调运行影响因素的作用机制进行了具体分析,为后续研究提供了实证数据。

第五章为数字图书馆生态链协调运行优化方略。首先,利用模糊综合评价法对数字图书馆生态链协调运行度进行测评,提出测评的一级指标为:信息供需匹配程度、链中无序竞争状况、主体分工协作合理程度、主体关系和谐状况四个方面,结合本书第三章、第四章的相关研究理论,确定了各一级指标所对应的二级指标,按照模糊综合评价法的具体操作流程得出具体的测评结果;接着,运用鱼骨图分析法找出链不协调运行的主要原因;最后,从链的结构、自组织能力、利益分配以及网络信息环境四个主要方面提出了具体的优化策略。

第六章为案例分析。通过一个典型案例验证了本书所提出观点的正确性、方法的可操作性。首先,对该高校数字图书馆生态链的协调运行度进行了测评;接着,根据评价结果运用鱼骨分析法查找该数字图书馆生态链运行不协调的主要原因;最后,提出了具体的优化策略。

第七章为结论与展望。对本书的主要研究成果进行了归纳和总结,指出研究的不足之处,并对未来的研究进行展望。

本书是作者近年学习研究的阶段性成果,受限于能力和时间,研究难免有局限性,期待更多图书馆建设参与者展开相关研究与对话交流。书中如有疏漏,敬请各位读者批评指正。

程彩虹
2024 年 5 月

目 录

第一章 绪论 …………………………………………… 001
  1.1 研究背景 ………………………………………… 001
  1.2 研究意义 ………………………………………… 004
    1.2.1 理论意义 …………………………………… 004
    1.2.2 实践意义 …………………………………… 004
  1.3 国内外研究现状 ………………………………… 006
    1.3.1 数字图书馆生态链研究现状 ……………… 006
    1.3.2 网络信息生态链运行研究现状 …………… 009
    1.3.3 数字图书馆协调运行研究现状 …………… 011
    1.3.4 国内外研究述评 …………………………… 019
  1.4 研究内容和创新之处 …………………………… 020
    1.4.1 研究内容 …………………………………… 020
    1.4.2 创新之处 …………………………………… 022
    1.4.3 研究方法 …………………………………… 024
    1.4.4 技术路线 …………………………………… 026

第二章 数字图书馆生态链基础理论 ………………… 027
  2.1 数字图书馆生态链及其相关概念 ……………… 027
    2.1.1 数字图书馆 ………………………………… 027
    2.1.2 信息生态链 ………………………………… 030
    2.1.3 数字图书馆生态链 ………………………… 031

2.2 数字图书馆生态链的结构 ································· 033
2.2.1 数字图书馆生态链的节点 ························· 033
2.2.2 数字图书馆生态链的节点连接方式 ············ 034
2.2.3 数字图书馆生态链的节点组合形式 ············ 035
2.2.4 数字图书馆生态链的节点连接关系 ············ 036
2.2.5 数字图书馆生态链的结构模型 ··················· 037
2.3 数字图书馆生态链的类型 ································· 040
2.3.1 政府主导型数字图书馆生态链 ··················· 040
2.3.2 核心节点主导型数字图书馆生态链 ············ 043
2.3.3 市场主导型数字图书馆生态链 ··················· 043
2.4 数字图书馆生态链的运行机制 ··························· 044
2.4.1 数字图书馆生态链成长机制 ······················· 044
2.4.2 数字图书馆生态链信息流转机制 ················ 046
2.4.3 数字图书馆生态链价值增值机制 ················ 047
2.4.4 数字图书馆生态链互利共生机制 ················ 047
2.4.5 数字图书馆生态链协调竞争机制 ················ 048
2.5 本章小结 ··· 049

第三章 数字图书馆生态链协调运行标志的界定 ············ 050
3.1 数字图书馆生态链协调运行概念及特征分析 ········· 050
3.1.1 数字图书馆生态链协调运行的概念 ············· 050
3.1.2 数字图书馆生态链协调运行的特征 ············· 051
3.2 数字图书馆生态链协调运行标志的确定方法 ········· 053
3.2.1 个人访谈 ·· 054
3.2.2 专家调查 ·· 061
3.3 数字图书馆生态链协调运行标志分析 ··················· 063
3.3.1 数字图书馆生态链中节点间信息供求匹配 ······ 064
3.3.2 数字图书馆生态链中不存在无序竞争 ·········· 065

3.3.3　数字图书馆生态链中各节点主体分工协作合理 … 067
　　3.3.4　数字图书馆生态链中主体关系和谐 … 070
3.4　本章小结 … 073

第四章　数字图书馆生态链协调运行影响因素及作用机制 … 074
4.1　数字图书馆生态链协调运行影响因素模型构建 … 074
　　4.1.1　研究方法 … 074
　　4.1.2　数字图书馆生态链协调运行影响因素模型构建 … 075
　　4.1.3　变量关系与研究假设 … 075
　　4.1.4　数字图书馆生态链协调运行影响因素的假设模型 … 078
4.2　数字图书馆生态链协调运行影响因素的验证 … 080
　　4.2.1　观测变量描述 … 080
　　4.2.2　问卷调查 … 081
　　4.2.3　数据结果分析 … 092
　　4.2.4　结构模型的拟合程度分析 … 095
　　4.2.5　结构模型中各建构之间路径影响关系分析 … 098
4.3　数字图书馆生态链协调运行影响因素作用机制 … 101
　　4.3.1　链的结构对数字图书馆生态链协调运行的影响 … 101
　　4.3.2　链的自组织能力对数字图书馆生态链协调运行的影响 … 105
　　4.3.3　链的利益分配对数字图书馆生态链协调运行的影响 … 108
　　4.3.4　网络信息环境对数字图书馆生态链协调运行的影响 … 110
4.4　本章小结 … 112

第五章　数字图书馆生态链协调运行优化方略 ……………… 113
5.1　数字图书馆生态链协调运行的协调度评价方法 …… 113
5.1.1　评价指标体系构建 ……………………………… 114
5.1.2　评价指标权重的确定 …………………………… 115
5.1.3　模糊关系矩阵的建立 …………………………… 120
5.1.4　评价结果的计算与分析 ………………………… 122
5.2　数字图书馆生态链运行不协调原因的分析方法 …… 123
5.2.1　鱼骨图分析法的原理及意义 …………………… 123
5.2.2　实施过程 ………………………………………… 124
5.3　数字图书馆生态链协调运行的优化策略 ……………… 127
5.3.1　针对数字图书馆生态链结构问题的优化策略 …… 127
5.3.2　针对数字图书馆生态链核心节点自组织
能力的优化 ………………………………………… 131
5.3.3　针对数字图书馆生态链的节点利益分配的
优化 ………………………………………………… 139
5.3.4　针对数字图书馆生态链网络信息环境的优化 …… 142
5.4　本章小结 ……………………………………………… 145

第六章　数字图书馆生态链协调运行案例分析 ……………… 146
6.1　H大学数字图书馆生态链概况 ……………………… 146
6.1.1　H大学数字图书馆生态链的结构 …………… 146
6.1.2　H大学数字图书馆生态链的运行现状 ……… 148
6.2　H大学数字图书馆生态链协调运行的协调度评价 … 152
6.2.1　评价指标体系构建 ……………………………… 152
6.2.2　评价步骤 ………………………………………… 152
6.2.3　评价结果分析 …………………………………… 156
6.3　H大学数字图书馆生态链运行不协调原因的鱼骨图
分析 ……………………………………………………… 157

  6.3.1　鱼骨图分析过程 ······ 157
  6.3.2　鱼骨图分析结果 ······ 160
 6.4　H大学数字图书馆生态链协调运行优化策略 ······ 161
  6.4.1　针对信息供求匹配度不高问题的优化 ······ 161
  6.4.2　针对链中存在无序竞争问题的优化 ······ 163
 6.4　本章小结 ······ 166

第七章　结论与展望 ······ 167
 7.1　研究的主要结论 ······ 167
 7.2　存在的局限 ······ 170
 7.3　研究的展望 ······ 170

参考文献 ······ 172

后记 ······ 188

附录Ⅰ　个人访谈提纲 ······ 190

附录Ⅱ　数字图书馆生态链协调运行影响因素调查问卷 ······ 192

第一章　绪论

近年来我国学者在网络信息生态链领域展开了广泛的研究，取得了一定的研究成果，形成了网络信息生态链理论，并逐渐被应用到信息管理的相关领域。数字图书馆生态链是一种典型的网络信息服务生态链，对数字图书馆生态链的协调运行进行研究，可以促进数字图书馆生态链上的各节点主体协调发展。

本章主要阐述本书的选题背景及研究意义，对国内外关于数字图书馆生态链协调运行的相关研究现状进行梳理和述评，在此基础上拟定本书的研究内容、研究方法和研究成果体系架构，并制定研究技术路线图。

1.1　研究背景

随着社会分工的发展，人们对专业知识的需求越来越高，通过数字图书馆获取专业信息已经成为一种普遍而有效的途径。数字图书馆从诞生之时，便具有先天的资源优势。数字图书馆中的资源具有数字化、有组织性、可开发性、易获取等特点[1]。中国产业调

---

[1] 郑建明,胡唐明.社会事业视野下的数字图书馆建设[J].情报科学,2011,29(1):6-10.

研网对数字图书馆产业历年来的行业发展状况分析与市场前景预测的报告显示:近年来我国数字图书馆信息用户逐年增加,数字资源建设总量增加,数字内容涉及各个行业[①]。中国数字图书馆行业研究咨询报告表明,截至2018年7月底,全国有553所公共数字图书馆通过业务平台互联互通,数字资源建设总量达到157 311.9 TB,2014—2017年国家财政共投入3.73亿元用于数字图书馆的硬件设施建设[②]。网络技术的发展与基础设施的加强大大促进了数字图书馆的建设与发展。

然数字图书馆在实际的运行过程中也面临着各种挑战:数字信息生产者之间缺乏有效的分工与协作,处于各自为政的状态,数字资源总量不断增加,但重复生产的现象十分严重,造成资源浪费或者资源拥堵的问题;数字信息生产者与数字图书馆之间的利益冲突依然十分突出,数字信息生产者为了自身利益的最大化,在对数字资源进行组织和加工时依然以整库或者是整册的方式进行生产和销售,在价格博弈上,数字图书馆处于被动地位,造成购买资金不足,或者资源利用不充分的两难境地;数字图书馆的信息流转效率与效益问题随着信息用户的个性化需求增加日渐突出,如何将购买的信息资源最大限度地推送给信息用户是当前数字图书馆面临的一个现实问题等等。上述问题贯穿数字图书馆运行的过程,客观上影响了数字图书馆的协调运行发展。

数字图书馆不只是一个数字信息资源种类繁多、覆盖面广的信息库,也是人们开展各种活动的虚拟空间。伴随着物联网、大数据、云计算等技术在数字图书馆中的广泛运用,各种信息主体依托数字图书馆在网络上开展了广泛的信息资源流转活动,在围绕数

---

① 中国产业调研网. 中国数字图书馆行业发展现状分析与市场前景预测报告(2019—2025年)[2019-7-22].
② 中国数字图书馆行业研究咨询报告系列(中研普华决策参考)2017年版本 ZERO POWER Intelligence Co. Ltd. Shenzhen.

字图书馆开展信息资源获取和流转的过程中,也自然而然地构成了一种网络社会关系。从生态学的角度来审视这种网络社会关系,可以将这种以数字图书馆为核心建立的网络社会中的信息主体之间的关系简化为链式依存关系,即数字图书馆生态链[①]。

在数字图书馆生态链中,数字信息服务商、数字图书馆以及信息用户围绕信息流转和资源利用,共同形成了一种链式依存关系,每个节点在数字图书馆生态链中担当着不同的角色,不同的节点创造的价值和追求的利益各不相同。只有在整链协调运行的前提下,方可实现各自的价值和利益,从而实现信息的快速流转。

多年来,国内外学者对数字图书馆运行的相关问题进行了积极的探索。其研究内容主要涉及数字图书馆的概念、特点与功能,数字信息资源的组织方式,数字信息资源的建设等方面,但站在数字图书馆生态链的角度对数字图书馆协调运行进行的专门研究还不多。也有学者利用协同学的理论对数字图书馆的运行问题开展了研究,但研究深度还不够,缺少对数字图书馆生态链协调运行的标志、影响因素等方面的深入探讨,以及对数字图书馆生态链协调运行优化机制的研究。

鉴于此,本书基于现有相关研究成果及数字图书馆生态链协调运行的基础理论,对数字图书馆生态链协调运行的标志、影响因素及其作用机制进行了较为深入的研究,提出数字图书馆生态链协调运行的优化策略,以期使数字图书馆生态链理论体系有所完善,能够指导数字图书馆生态链上的节点信息主体之间更好地协调发展,推进数字图书馆建设的健康发展。

---

① 程彩虹,陈燕方,毕达宇.数字图书馆信息生态链结构要素及结构模型[J].情报科学,2013,31(8):15-18.

1.2 研究意义

1.2.1 理论意义

20世纪90年代,张新时院士首次提出了信息生态学的概念,开创了信息生态学研究的先河。陈曙、周庆山、杜欣明、丛敬军、付荣贤等学者对信息生态学的学科建设进行了探讨。娄策群教授于2013年对我国信息生态学学科建设体系提出了具体的构想。随着对信息生态学研究的不断深入,逐渐形成了研究团队。2011年,分别由吉林大学管理学院的靖继鹏教授、华中师范大学信息管理学院的娄策群教授带领的团队获得了国家社会基金的资助,从生态学的角度共同开展了网络信息生态链的相关研究,并形成了网络信息生态链理论。数字图书馆生态链是网络信息生态链中的一种服务信息生态链。从生态学的角度来研究数字图书生态链协调运行的机理,进一步丰富了网络信息生态链理论的研究内容。

1.2.2 实践意义

(1) 有利于提升数字图书馆生态链的信息流转效率

提升数字图书馆生态链的信息流转效率是数字图书馆生态链协调运行的最终目的。信息服务商关注自己的信息产品能否得到数字图书馆的认可并建立长期的买卖合作关系,数字图书馆的经费资助者关注购买的数字信息是否产生了应有的服务效果。对数字图书馆生态链上的各节点主体的协调度进行测评,是检测信息流转效率和服务效果的有效方法。

(2) 为数字图书馆生态链资源配置最优化提供新的思路

如何使资源配置最优化是数字图书馆生态链中各节点面临的

共同问题。美国大学与研究图书馆协会(Association of College & Research Libraries,ACRL)在 2017 年的环境扫描报告中指出,数字图书馆需要出版社、图书馆及信息用户来共同构建[①]。数字图书馆提供的数字资源不仅包括从信息服务商购买的各种数据库资源,也包括对数字资源整合、发现、揭示等产生的相关信息,如数字图书馆服务平台信息、相关网站链接、开放式链接(OpenURL)等,这在一定程度上丰富了数字图书馆的馆藏。信息用户不仅可以通过直接下载相关数据库获取信息,还可以通过浏览数字图书馆提供的其他数字信息来拓展信息资源,如我国内地高校数字图书馆均建立了学科导航库;香港大学图书馆将本馆馆藏信息目录与出版社最新出版目录并列放置于数字图书馆平台[②];很多高校图书馆选择将社会评价度比较高的网页信息纳入本馆信息资源库,扩充本馆的馆藏资源[③]。数字图书馆生态链上的用户信息也是数字图书馆数字资源中很重要的构成部分。用户信息包括登录信息、浏览信息、下载情况、用户对信息的评价和咨询等。信息服务商通过分析用户行为信息来选择信息生产主题,数字图书馆通过分析用户行为信息来进行资源的组织与推送。

(3) 为数字图书馆生态链的上下游信息主体提供实践指导

本书对数字图书馆生态链概念、结构、分类与运行机制的研究可使数字图书馆生态链上的上下游信息主体明确数字图书馆生态链协调运行的本质,选择合理的合作与竞争方式,及时调整各自的运行策略。

---

① ACRL Research Committee. Environmental Scan 2017 [R/OL], 2018;[2019-06-09].

② Rathi D, Shiri A L, Cockney C. Environmental scan[J]. Aslib Journal of Information Management, 2017, 69 (1):76-94.

③ Soong, Samson C. Collaborating in the digital era: challenges and rewarding experiences of library collaboration among JULAC libraries [J]. Library Review, 2015, 8 (6):85-90.

（4）为行业或者政府加强数字图书馆生态链的协调活动管理提供新的思路

数字图书馆生态链上存在多元化的主体，各主体之间围绕信息流转开展了多样化的协调活动，既包括同级节点间的协调活动，也包括上、中、下游节点间的协调活动以及节点与环境因子之间的协调活动。很多时候必须由相关行业或者政府出面协调，方能保证链上的协调活动正常。对协调活动的管理包括协调活动的决策谋划、资源配置、过程调控和绩效评价等，协调管理的最终目的是获得最佳的协调效应。

1.3　国内外研究现状

国内外对于数字图书馆生态链协调运行的专门研究较少，与此相关的研究主要涉及数字图书馆生态建设、数字图书馆运行模式、数字图书馆协调、数字图书馆生态链及运行等方面。与本书研究密切相关的主要是数字图书馆生态链、网络信息生态链运行两个方面。

1.3.1　数字图书馆生态链研究现状

数字图书馆生态链是数字图书馆学科渗透研究的成果之一，是国内学者利用生态学和信息管理学研究数字图书馆后提出的一个专用词语。国外没有明确提出数字图书馆生态链这一概念。目前国内学者对数字图书馆生态链的研究还处于探索阶段，主要基于网络信息生态链的理论，从概念、特点、构成、链的优化等方面进行了探讨。

（1）数字图书馆生态链的概念与特点

程彩虹等认为数字图书馆生态链是指在网络信息生态环境

中,数字图书馆、数字信息生产者、信息用户围绕数字信息流转和数字资源开发利用而形成的链式依存关系①。高玉萍在数字图书馆生态链的概念上与程彩虹持相同的观点,她强调数字图书馆在数字图书馆生态链中的核心地位在于连接上下游节点的关系,具有对链的协调和优化功能。李青维等认为价值平衡是数字图书馆生态链协调运行的标志之一,数字图书馆生态链上的各节点的价值追求不同,各节点获得的价值达到其满意值即为价值平衡②。魏傲希提出信息资源、信息种群和信息环境是数字图书馆生态环境的三个主要组成元素③。

(2) 数字图书馆生态链的构成

程彩虹认为链的节点、链的链接、链的节点关系是数字图书馆生态链的结构要素。数字图书馆是链上的核心节点,数字图书馆的性质、规模等决定链的结构模型。如学术性数字图书馆一般为高校数字图书馆,数字图书馆的管理主体是单一的,则会构成单链型数字图书馆信息生态链。数字图书馆生态链上的上下游节点的种类和数量也与数字图书馆的规模有关。数字图书馆规模大,经济实力强,购买的数据库多,则上游信息生产者节点的数量和种类就会增加。当数字图书馆是以联盟的形式存在时,会存在多个管理主体,就构成汇聚链型数字图书馆生态链。数字图书馆生态链与一般网络信息生态链相比具有以下特点:数字图书馆是必不可少的节点,是整个链的核心,也是整个链的标志④。魏傲希认为数

---

① 程彩虹,陈燕方,毕达宇.数字图书馆信息生态链结构要素及结构模型[J].情报科学,2013,31(8):15-18.
② 李青维,娄策群.数字图书馆信息生态链价值平衡的标志及影响因素[J].情报科学,2019,37(3):17-21.
③ 魏傲希.基于系统动力学分析的数字图书馆信息生态链运行机制研究[D].长春:吉林大学,2015:35-38.
④ 程彩虹,陈燕方,毕达宇.数字图书馆信息生态链结构要素及结构模型[J].情报科学,2013,31(8):15-18.

字图书馆信息生态链的结构要素包括两项,即节点和链接。根据生态学的原理,魏傲希将数字图书馆生态链的节点分为核心层、支撑层、扩展层三个层次结构;数字图书馆处于核心层位置,根据核心节点数字图书馆的组建特点将数字图书馆生态链分为单点直链型和多点汇聚型[①]。

(3) 数字图书馆生态链相关研究

国内对数字图书馆生态链的直接研究较少,相关研究包括数字图书馆生态系统研究、数字图书馆生态化建设与管理两个方面,这些研究成果对数字图书馆生态链的研究有一定的借鉴和启发意义。

① 数字图书馆生态系统

郭海明等指出数字图书馆信息生态系统由信息人、数字信息资源、数字图书馆技术平台与信息环境组成。信息人包括信息服务人员、信息用户,其中信息服务人员集信息生产者、传递者与分解者于一体;数字图书馆信息生态环境包括信息化社会环境、知识型经济环境、现代化技术环境、多元化文化环境、数字化网络化信息资源环境、全球一体化国际环境[②]。王瑶等认为数字信息人和数字信息环境构成了数字图书馆生态系统。数字图书馆在数字图书馆生态系统中充当信息传递者角色,同时还进行信息的搜集、组织、存储以供用户使用。数字图书馆与其上游的信息生产商以及下游的用户之间,时时刻刻都在进行着信息的生产、传递、消费活动。刘君霞等认为数字图书馆信息生态系统是由"用户(User)、信息内容(Content)和组织(Context)"这三个要素构成,只有构成了稳定的生态系统,系统中的用户才有生存空间。用户是指数字图

---

① 魏傲希.基于系统动力学分析的数字图书馆信息生态链运行机制研究[D].长春:吉林大学,2015:85-87.
② 王瑶,金明生.基于信息生态系统的数字图书馆运行机制优化及动态平衡控制[J].情报杂志,2012,31(2):153-156.

书馆系统中的注册用户,信息内容指的是各种数据资源库,各种管理活动是系统中的组织元素①。张海涛等认为数字图书馆生态系统就是数字图书馆与生态系统紧密结合而形成的一个人工的信息生态系统。该系统由"信息资源、信息人、数字图书馆生态环境组成"三部分组成,只有这三个要素和谐有序,才能保证数字图书馆生态系统的平衡发展②。

② 数字图书馆生态化建设与管理

赵玉冬以信息生态位为视角,对数字图书馆信息本体的优化与发展进行了研究。作者认为信息生态位是指信息人在信息生态环境中占据的特定位置,它反映信息人在信息环境中的地位、功能、作用大小等状况。在此基础上,提出了明确定位原则、信息效益最大化原则、宽度适宜原则、动态发展原则等四个数字图书馆生态位优化的原则。按照四大原则又提出了有针对性的优化策略,即优化数字图书馆功能生态位、优化资源生态位、优化时空生态位、提高信息生态系统主题的认知程度③。

1.3.2 网络信息生态链运行研究现状

从现有文献研究来看,网络信息生态链协调运行的研究主要集中在网络信息生态链协调运行机制研究、网络信息生态链协调运行优化研究两个方面。

在普遍的网络信息生态链运行机制研究方面,娄策群及其团队取得了较好的研究成果,提出了信息流转的基本模型,以及网

---

① 刘君霞,郭沛涌.信息生态系统在高校数字图书馆建设中的应用思考[J].情报探索,2009(1):34-35.
② 张海涛,张念祥,崔阳,等.基于超级IP的数字图书馆生态系统构建[J].情报科学,2018,36(9):22-26.
③ 赵玉冬.信息生态位视角下数字图书馆的优化与发展[J].图书馆工作与研究,2013(2):9-12.

络信息生态链运行的信息流转机制①、协调竞争机制②、价值增值机制③、互利共生机制④、动态平衡运行机制⑤。

在专门的网络信息生态链运行机制研究方面,学者们基于具体的网络信息生态链运行情况开展了研究。桂晓苗探讨了电子商务生态链协同竞争机制⑥;田培琪构建了电子商务生态链协同竞争博弈模型⑦;张建威研究了电子商务生态链的互利共生机制⑧;许职对电子商务生态链价值增值机制进行了研究⑨;张向先等和许孝君分别提出了商务网站信息生态链的成长机制、竞争机制等⑩。此外,魏傲希对数字图书馆的信息生态链运行机制问题进行了研究⑪。在社会网络信息生态链运行机制方面,宋拓运用信息生态理论与信息过滤理论,提出微博信息生态链的7种运行机制,分别为流转机制、价值增值机制、博弈均衡机制、竞争机制、资源循环机制、协调机制与反馈机制⑫。

娄策群等提出通过强化制度意识、完善制度内容、增强制度实

---

① 娄策群,杨瑶,桂晓敏.网络信息生态链运行机制研究:信息流转机制[J].情报科学,2013,31(6):10-14.
② 娄策群,桂晓苗,杨光.网络信息生态链运行机制研究:协同竞争机制[J].情报科学,2013,31(8):3-9.
③ 娄策群,杨小溪,曾丽.网络信息生态链运行机制研究:价值增值机制[J].情报科学,2013,31(9):3-9.
④ 娄策群,张苗苗,庞靓.网络信息生态链运行机制研究:共生互利机制[J].情报科学,2013,31(10):3-9+16.
⑤ 娄策群,毕达宇,张苗苗.网络信息生态链运行机制研究:动态平衡机制[J].情报科学,2014,32(1):8-13.
⑥ 桂晓苗.电子商务生态链协同竞争机制研究[D].武汉:华中师范大学,2013:52-58.
⑦ 田培琪.电子商务生态链协同竞争博弈模型构建[J].商业经济研究,2018,(20):70-73.
⑧ 张建威.电子商务生态链互利共生机制分析[J].商场现代化,2015(28):22-23.
⑨ 许职.电子商务生态链价值增值研究[D].武汉:华中师范大学,2015.
⑩ 张向先,耿荣娜,李昆.商务网站信息生态链的运行机制研究[J].情报理论与实践,2012,35(8):17-20.
⑪ 魏傲希,马捷,韩朝.网络信息生态系统自我调整能力及实现机制研究[J].图书情报工作,2014,58(15):14-21.
⑫ 宋拓.微博信息生态链解构及运行机制研究[D].长春:吉林大学,2015:189-120.

施能力等来优化网络信息生态环境中的信息制度[①];通过合理控制网络信息数量,提高网络信息质量,降低网络信息污染等措施来优化网络信息生态环境中信息本体环境[②]。

1.3.3 数字图书馆协调运行研究现状

(1) 数字图书馆运行模式

从组织管理的角度来看,国内外的数字图书馆有由政府牵头组建的跨区域数字图书馆,有由行业或者企业牵头组建的专门性数字图书馆,也有由某一责任主体单独组建的数字图书馆。这些数字图书馆在组建和运行的过程中,既有信息生产者,也有信息传递者和信息消费者,客观上形成了数字图书馆生态链的雏形。

第一,由政府部门牵头组建的数字图书馆。由政府牵头,一般依托某个成员馆,由不同的成员馆或者机构组成,数字图书馆承担信息生产者和信息传递者的双重角色,信息资源较丰富,信息用户较多。如西方八国共同组建的信息数字信息生产者联盟,联合开发了"全球信息社会示范计划(Global Information Society Pilot Projects)"项目,并就如何使用数字信息签订了合作签订,确定参与国的国民可以免费使用共建的数字资源。美国政府组织各方共同投资建设了DⅡ工程,即美国数字图书馆先导研究计划(Digital Library Initiative)。该项目是为了开展数字图书馆建设而进行的基础性、前沿性的研究。项目以规划文本的形式对项目的建设进展、子项目的建议要求等进行了详细的说明。该项目分两期(1994—1998 年,1999—2004 年)实施完成,总投资 8 400 万元,分两次进行投资。起初由美国国家科学基金会(NSF)、美国国防部

---

① 娄策群,李青维,娄冬.网络信息生态环境中的信息制度环境优化研究[J].图书馆学研究,2016(23):2-6.
② 娄策群,娄冬,李青维.网络信息生态环境中的信息本体环境优化研究[J].图书馆学研究,2016(22):98-101.

尖端研究项目机构、国家航空和太空总署共同投资,后期又增加了4家投资方。共有6所大学参与了该项目的研究,共完成64个项目,其中12个项目是通过国际合作完成的,16个项目由其他机构赞助完成。该项目可以看做是美国的国家数字图书馆工程,为美国数字图书馆建设的基础研究和技术研发打下了良好的基础,参与项目的机构和信息用户都可以免费使用项目成果①。欧洲世界数字图书馆主持了与世界32个国家进行资源共建共享的工作,是数字图书馆主动进行跨界合作的代表②。欧洲数字图书馆与欧洲文物机构、考古博物馆、数字档案馆的专家以及各类研究机构开展广泛合作,实施欧洲数字图书馆项目(European Digital Library,EDI)。该项目的资助方是欧洲委员会(the European Commission),总投资金额为211.4万欧元。2008年,该项目正式验收完成,并通过欧洲数字图书馆(www.Europeana.eu)服务全球。欧洲数字图书馆整合了欧洲的人文、历史资源,资源类型包括文本、图像、视频等多种形式③。

第二,由行业或者企业牵头组织的专门性数字图书馆。参与建设的成员一般在同一个地域或者属于同一个行业。2008年,美国建立了中西部高校数字图书馆联盟,以项目的形式开展纸本资源的数字化建设,该项目简称为 HaithiTrust④,由一个综合性的机

---

① Choudhury S, Kyrillidou M, Heath F, et al. LibQUAL+ⓒ (library quality), ProSeBiCA (development of new library services by means of conjoint analysis), and CAPM (comprehensive access to printed materials)[J]. Performance Measurement and Metrics,2008,9(3):216-222.

② Tammaro A M. User perceptions of digital libraries: A case study in Italy[J]. Performance Measurement and Metrics,2008,9(2):130-137.

③ Tammaro A M. Recognition and quality assurance in LIS[J]. Performance Measurement and Metrics,2005,6(2):67-79.

④ J A Bengtson, J Coleman. Taking the long way around: Impriving the display of HathiTrust records in the Primo Discovery Systemt[J]. Information Technology & Libraries,2019,1(38):27-39.

构实施，主要有18所高校成员馆，还有Google、Internet、Archive和微软合等公司共同参与。该项目资源整合数量大，除了各成员馆的图书，还包括Google的图书；类型多，除了图书，还包括期刊、图片、音像资料等，因此需要建立一个具有整合功能和检索功能的平台。截至2018年底，HaithiTrust项目共有110个机构成员，既包括高校图书馆，也包括研究型图书馆[①]。弗吉尼亚技术大学的Ed Fox组织了CMU，Cornell，Georgia Tech，M1T，University of California，Michigan，Tennessee，Washington和Virginia Tech等9所高校与Elsevier出版公司合作，构建了包括42种期刊全文的数字图书馆项目，对美国计算机学会（ACM）出版物提供全文检索服务[②]。美国加利福尼亚大学与斯坦福大学、弗吉尼亚大学、加州大学伯克利分校以及杜克大学联合开展元数据的研究，该研究是"美国遗产虚拟档案计划"的一个分支，其研究成果是创建了一个基于EAD（Encoding Archival Description，档案编码著录或档案描述编码格式）标引的共享数据库，能够提供对分布式数字资源的检索，用于对美国历史和文化的文献的整理和利用[③]。美国国家科学数字图书馆（NSDL）资助建设了材料数字图书馆（MatDL），其主要目的是为材料界提供信息基础设施，将教学与科研进行有机结合。出于材料教学的需要，该项目采用了多种可视化技术，构建个性化的Web界面系统，在信息利用过程中为材料专业界用户提供指导和推送服务[④]。美国科学家CarlLagoze等在基于MatDL项目的检

---

① Our Partnership. [EB/OL]. [2019-03-01]. https://www.hathitrust.org/partnership.
② Gusack N, Lynch C A. The TULIP project[J]. Library Hi Tech, 1995, 13(4): 7-24.
③ Yakel E, Tibbo H. Standardized survey tools for assessment in archives and special collections[J]. Performance Measurement and Metrics, 2010, 11(2): 211-222.
④ 刘燕权. 推荐系统在数字图书馆的应用：研究与技术现状（英文）[J]. 图书情报工作, 2007(12): 6-10+25.

索平台基础上开发了 information net-work overlay(INO)信息发现系统,提供信息咨询服务[①]。日立公司为信息用户研发了 cornucopia 系统,用于帮助信息用户构建虚拟图书馆,具有数字图书馆的收集、存储、检索、分类与传输功能,受到用户好评[②]。IBM 公司积极与数字图书馆合作,共同开发数字图书馆专用软件,基于数字图书馆的相关技术,分别从数字文献内容的创建和获取、数字文献的存储和管理、数字文献的查询与访问以及数字文献的内容发布和权限管理等方面进行软件和硬件的开发[③]。大英图书馆主持并联合其他图书馆开展了"电子贝奥伍尔夫"(BL)项目,项目的主要内容是将大英图书馆中的贝奥伍尔夫图像版的旧体英文诗及相关珍品进行数字化,并创建联机公共检索目录(OPACS),供英国公民免费检索[④]。

(2)数字图书馆协调运行管理研究

马岩等认为数字图书馆的协调运行可以从宏观、中观和微观三个层面展开:微观层面进行协调,即节点内部层进行协调,如信息生产者节点内部协调、数字图书馆节点内部协调(具体服务的协调)、信息用户的内部协调。微观层的协调是数字图书馆生态链协调运行的基础。中观层面进行协调,即指数字图书馆这个核心节点与系统外的数字图书馆联盟之间协调。数字图书馆不能只做好内部协调,还要多进行系统外的协调,如参加数字图书馆联盟,实现资源共建共享,进一步丰富数字信息资源馆藏。宏观层面进行协调,即指通过建立跨系统或跨平台的数字图书馆协调管理系统,

---

① Deposited Volumes by Original Source of Content—DailyStatistics.[EB/OL].[2016-03-02]. https://www.hathitrust.org/visualizations deposite-volumes current.

② Deb S. TERI integrated digital library initiative[J]. The Electronic Library,2006,24(3):366-379.

③ Nieuwenhuysen P. A bibliography of text information management software for IBM microcomputers and compatibles[J]. The Electronic Library,1988,6(4):264-320.

④ Henry M. OPACS, libraries, universities: WWW directories[J]. Campus-Wide Information Systems,1995,12(4):8-11.

将信息生产者、数字图书馆及信息用户列入统一的供应链管理平台,进行协调管理①。

赵丽梅等引入共享经济理念,构建了高校数字图书馆联盟平台。利用该平台,可实现最大化、无边界和低成本的信息利用模式,最大限度优化联盟成员馆信息用户的信息获取与利用能力,提升信息资源通过信息共享和信息流动产生的应用价值。学者们提出将资源所有权与资源使用权分离,改变现有图书馆联盟的信息用户只有浏览权而无直接下载权的现状。目前信息用户只能通过本馆文献传递或者自己购买的方式才能得到数字图书馆联盟中的资源,因此,学者们希望搭建高校数字图书馆联盟平台,让联盟中的信息用户直接、便利、经济地共享高校数字图书馆联盟中的信息资源②。

张兴旺等构建了基于大数据知识服务体系的数字图书馆协调运行模式,该系统是一个兼具功能管理、协调管理、信息管理、服务资源及协调过程等五个子系统的协调运行系统,基于 SOA 架构,是一个开放式、松散耦合的体系架构。学者们通过网络与文献调研,对数字图书馆大数据知识服务体系的理论与应用研究现状进行了分析,认为大数据知识服务正逐渐成为数字图书馆领域新的服务增长点③。

徐文哲等基于群集系统理论构建了数字图书馆生态系统协调实现机制④,学者们认为协调是当前数字图书馆建设的一个重要特

---

① 马岩,徐文哲,郑建明. 我国数字图书馆协同管理研究进展[J]. 图书馆学研究,2014(12):2-7.
② 刘威,赵丽梅. 共享经济视域的高校数字图书馆联盟运行体系研究[J]. 商业经济,2018(10):176-178.
③ 张兴旺,李晨晖. 数字图书馆大数据知识服务体系协同设计研究[J]. 图书与情报,2015(03):61-70.
④ 徐文哲,郑建明,郝世博. 基于群集形式的数字图书馆系统协同实现机制[J]. 图书馆学研究,2014(16):30-35.

征,数字图书馆生态系统内部各构成主体、资源之间的交互作用是促进系统整体协调效应实现的核心动力。因此,数字图书馆协调应从组织联盟层面迈向群集管理的内在运行机理层面,利用群集系统构建的数字图书馆协调运行模式的重点在于理顺各节点之间的协调关系。

徐彩霞、林建军等提出了大数据时代数字图书馆与读者、供应商的新合作关系。第一、改变购书方式。用点、线、面互动的购置方式代替原有的订购与采访相结合的方式。第二、加强三者互动。高校图书馆、读者与供应商之间要进行三点联动。即召开由图书馆主办,由读者、供应商、出版社等共同参加的读书分享会,让供应商了解读者需求,让读者了解出版社的最新出版动态。第三、读者参与线上线下采访活动。将读者的信息库、图书馆的资源采访库与供应商的供应数据库进行对接,让读者直接在线上提交图书订单[①]。

(3) 数字图书馆协调运行的平台研究

美国 Andrew W. Mellon 基金会资助的 Digit-al Library GRID 项目使用 Globus 项目组的 GT4 开发工具包开发的网格系统工具平台,提出了信息资源管理模型,构建了一个基于网格的高性能 OGSA 系统。美国的数字图书馆专家 Lan H. Witten 和 David Bainbridge 对数字图书馆的建设问题进行了探讨,认为数字图书馆是世界性的,建设的前提条件是整理和筛选出自己需要的信息资源,而用户界面是展示数字资源的良好途径。要做好数字信息资源的管理和利用,就要研究文档的源文件,对元数据进行系统的分析。针对数字资源利用中的互操作性问题,他们研究出了具体的标准和协议[②]。

---

① 徐彩霞,林建军. 大数据时代高校图书馆与书商、出版社的新合作模式[J]. 镇江高专学报,2015,28(4):45-47.

② Witten L H, Bainbridge D. Preliminaries[M]//How to Build a Digital Library. Amsterdam: Elsevier, 2003: 39-76.

委内瑞拉学者 Solomon Asres Kidanu 等提出基于点对点基础设施和语义网络构建数字图书馆多媒体数字生态系统(MMDES),作为多媒体资源协作和共享、多媒体处理、计算和存储的新环境。作者指出,数字图书馆系统中的每个参与者都能成为内容的生产者和消费者,可以借助互联网上的社交网络,实现信息的及时交流。然而,社交网络和其他传统的协作环境在内容选择、分类、聚合、链接、互操作性、使用控制和隐私方面存在局限性。作者描述了 MMDES 的框架及与管理 MMDES 中的集体知识和均衡相关的功能。可使用移动平台实现 MMDES,以便为信息用户提供共享资源[①]。法国学者 Joe Tekli 等提出利用 XML 标准来构建数字图书馆管理系统。作者首先介绍了与 XML 相似性相关的现有研究,总结了 XML 的自身特点。接着,作者详细介绍了利用 XML 构建数字图书馆系统的开发应用过程,包括数据集成、数据仓库等[②]。菲律宾阿尔卡拉学者 María-Cruz Valiente 等提出利用本体驱动的基本规则来构建数字图书馆信息技术基础设施库。作者基于已有的研究应用,利用计算语义来改进数字图书馆系统软件工程(SE)工具。利用本体模型原理,结合 SE 工具来构建数字图书馆 IT 服务管理(ITSM)系统,这种集成系统能够使信息流程增值[③],

---

① Kidanu S A, Cardinale Y, Chbeir R, et al. MMDES: multimedia digital ecosystem-new platform for collaboration and sharing[C]//2016 IEEE Intl Conference on Computational Science and Engineering (CSE) and IEEE Intl Conference on Embedded and Ubiquitous Computing (EUC) and 15th Intl Symposium on Distributed Computing and Applications for Business Engineering (DCABES). Paris, France. IEEE, 2016: 393-400.

② Joe Tekli, Richard Chbeir, Kokou Yetongnon. An overview on XML similarity: Background, current trends and future directions[J]. The Electronic Library, 2009, 3 (1):182-186.

③ Valiente M, García-Barriocanal E, Sicilia M. Applying ontology-based models for supporting integrated software development and IT service management processes [J]. IEEE Transactions on Systems, Man, and Cybernetics, Part C (Applications and Reviews), 2012, 42: 61-74.

为数字图书馆生态链协调运行提供了现实的管理工具。

(4) 数字图书馆运行效果评价

国外十分重视数字图书馆绩效评价工具的研究与开发。比较成熟的评价工具有 DigiQUAL、E-Metrics、COUNTER 等。

DigiQUAL 是美国图书馆协会为了评价美国国家科学图书馆（NSDL）资助项目的价值和影响力而开发的一款专门评价数字图书馆项目的评价工具，利用该评价工具对 NSDL 资助的 E-Metrics 项目中的数字资源使用效果进行了评价，结论为达到了预期的效果。DigiQUAL 围绕数字图书馆的建设专题，设计了不同的评价体系和评价指标，其中与服务质量相关的主体有 12 个，包含 180 个评价单元。目前该评价系统在全球被广泛使用。

E-Metrics 是美国图书馆协会（ARL）于 2000 年开始研发的一套评价体系。虽然 DigiQUAL 的评价体系十分全面、系统，但是评价电子资源的核心指标突出不明显，评价过程也十分繁杂。为了突出电子资源评价的核心指标，E-Metrics 项目最后设计了一套包括资源、使用情况、成本、本地数字化资源、资源的属性测量五个一级指标、十九个二级指标的评价体系。该评价体系适用于单个数字图书馆建设项目的评价，如服务评价、数据库建设评价等[1]。

COUNTER 是英国牛津大学出版社查德·格迪于 2000 年带领其项目组制定的一套用于统计数字资源使用效果的标准，该标准制定了普遍为国际接受的规范，规定了统计数字资源使用情况的联机使用数据，如下载量、引用量、被引指数、转载量等，COUNTER 制定的电子资源使用标准被普遍用于各类电子数据质量和效果的评价[2]。

---

[1] Monopoli M, Nicholas D, Georgiou P, et al. A user-oriented evaluation of digital libraries: Case study the "electronic journals" service of the library and information service of the University of Patras, Greece[J]. Aslib Proceedings, 2002, 54(2): 103-117.

[2] Tsakonas G, Papatheodorou C. Analysing and evaluating usefulness and usability in electronic information services[J]. Journal of Information Science, 2006, 32(5): 400-419.

国内学者也对数字图书馆的评价体系进行了研究。周昕等对数字图书馆的网络平台进行了评价,将信息资源、信息人、信息技术、信息环境、网络平台信息生态健康度等5个方面作为评价网络信息平台的一级指标。每个一级指标的下面设有二级指标,每个二级指标的评价内容都有详细说明,保证了评价的可操作性。依次对每个一级指标进行评价,并提出了相应的指标指向[①]。该评价体系的构建与评价方法具有良好的普适性,在针对具体的数字图书馆生态链协调运行网络平台的评价中可根据实际情况对评价指标进行适当修正,以保证评价结果的客观性和确定性。

1.3.4 国内外研究述评

国内外学者们站在不同的视角对数字图书馆生态链、网络信息生态链运行机制以及数字图书馆协调运行这三个主题开展了不同程度的研究,为本书的研究提供了不同的视角、观点和方法的借鉴,综合来看,使前期的研究取得了一定的成绩,但是也存在一些不足。

在数字图书馆生态链研究方面,国外并没有明确提出"数字图书馆生态链"的概念;国内学者从信息生态链理论出发,基于不同的研究目的对数字图书馆生态链有不同的理解。对数字图书馆生态链的结构、节点关系以及属性形成了一些共同的认识,但对数字图书馆生态链的分类和节点组成依然存在较大的差异[②]。现有的理论研究成果比较分散,尚未形成完整的理论体系,本书希望加强这方面的研究,丰富数字图书馆生态链的理论研究。

在网络信息生态链协调运行研究方面,国外没有"网络信息生

---

① 周昕,黄微,韩瑞雪,等.信息生态视角下网络平台运行效率影响因素分析及评价体系构建[J].情报理论与实践,2016,39(7):102-107.
② 康蠡.国内图书馆信息生态研究述评[J].图书情报工作,2016,60(1):142-148.

态链"这一专业术语,因此也没有直接研究网络信息生态链运行的文献,但是关于信息生态、网络信息运行的论述在很多领域中都有发现。国内学者对普通网络信息生态链和专门的网络信息生态链的运行机制均展开了研究,取得了较丰富的成果。有关运行机制的主要研究内容包括信息流转机制、互利共生机制、价值增值等;专门的网络信息生态链有商务网络信息生态链、政务网络信息生态链、社会网络信息生态链、微博网络信息生态链等,但对于数字图书馆信息生态链的运行机制研究较少。

在数字图书馆运行研究方面,国内针对数字图书馆自身的运行研究较为全面,但是缺乏对数字图书馆生态链协调运行方面的研究,尤其是缺少对数字图书馆生态链协调运行标志的研究,少数学者对影响数字图书馆生态链协调运行的相关因素进行了探讨,但是这些研究尚处于理论研究阶段,缺乏实践研究。

综上所述,国内外关于数字图书馆生态链协调运行的相关研究既有一定的差异,也有一些共同的认识。这一方面,反映出研究的自由与繁荣,在平等、开放的学术环境畅所欲言,能极大地推动研究的不断深入;另一方面,研究信息环境变化下的不同学术观点在数字图书馆生态链协调运行问题上认识的冲突及观念的融合,有利于求同存异、互相借鉴,为本书的研究提供借鉴作用。

1.4 研究内容和创新之处

1.4.1 研究内容

本书的研究内容主要包括五个方面。
(1) 数字图书馆生态链基础理论
数字图书馆生态链基础理论包括数字图书馆生态链及其相关概念、数字图书馆生态链的结构、数字图书馆生态链的分类及数字图书馆生态链协调运行机制等四个方面。数字图书馆生态链及其相关概念主要界定了数字图书馆、信息生态链及数字图书馆生态链的概念与特点；数字图书馆生态链的结构要素主要包括节点、节点连接、节点组成与节点关系等；数字图书馆生态链的类型主要包括政府主导型、节点主导型以及市场主导型；数字图书馆生态链协调运行机制主要包括信息流转机制、价值增值机制、互利共生机制等。

（2）数字图书馆生态链协调运行的标志界定

本书首先在图书馆生态链基础理论研究的基础上初步提出了数字图书馆生态链协调运行的表现形式，作为衡量数字图书馆生态链良性发展的基本标志；然后结合个人访谈和专家调查对提出的协调运行标志进行进一步提炼和修改，进而确定最终的协调运行标志；最后对每个标志的内涵和表现形式进行了分析。数字图书馆生态链协调运行的标志有：信息供求匹配、不存在无序竞争、主体分工协作合理、主体关系和谐等四个方面，分别从信息资源、信息主体、信息管理以及协调活动效果等方面体现了数字图书馆生态链协调运行的内容与特征。

（3）数字图书馆生态链协调运行的影响因素与作用机理

本书在对数字图书馆生态链运行机制的影响因素进行分析的基础上总结和提炼出数字图书馆生态链协调运行标志的主要影响因素。然后，结合数字图书馆生态链的构成要素以及信息流转过程探索性地提出链的结构、链的组织协调能力这两个主要影响因素。根据以上的研究结果，设计了针对数字图书馆生态链协调运行影响因素的调查问卷。调查问卷主要以两种形式进行，即个人访谈与专家调查。结合两种调查结果，从链的结构、链的组织协调能力、链的利益分配以及链的信息环境等四个角度确定了数字图书馆生态链协调运行的影响因素，并对各影响因素与协调运行的标志之间的影响关系进行了调查研究与分析。通过构建数字图书馆生态链协调运行影响因素结构模型,并对其进行验证分析,笔者发现有些因素对数字图书馆生态链协调运行产生直接影响,有些因素对数字图书馆生态链协调运行效果产生间接影响。如链的节点数量、类型、规模、分布对链上的信息流转效率产生直接影响,链上节点连接关系的强弱对链的功能稳定性和信息的供求匹配产生间接影响。对数字图书馆生态链协调运行的影响因素与作用机理进行研究,可为数字图书馆生态链协调运行的优化策略研究提出新的思路。

(4)数字图书馆生态链协调运行的优化方略

本书主要是站在数字图书馆生态链协调运行管理和控制的角度,从链的结构、链的组织协调能力、链的利益分配以及链的信息环境等四个主要方面提出相应的优化策略。一方面强调通过对主要影响因素的优化,达到促进数字图书馆生态链协调运行的目的;另一方面,强调在数字图书馆生态链的协调运行中,通过有效的控制手段,防范、纠正协调运行中的风险。

(5)数字图书馆生态链协调运行的案例分析

通过一个典型的案例来验证数字图书馆生态链协调运行标志及相关影响因素的作用机制,有针对性地提出优化数字图书馆生态链协调运行的策略。

1.4.2 创新之处

本书的创新点具体表现在以下几个方面。

(1)构建数字图书馆生态链协调运行的基础理论框架

在厘清数字图书馆、信息生态链的概念基础上,界定了数字图书馆生态链的概念;阐述了数字图书馆生态链的结构要素与结构模型;分析了数字图书馆生态链的运行机制。

(2)确定数字图书馆生态链协调运行的标志

在分析相关文献的基础上提出了数字图书馆生态链协调运行的基本标志,结合个人访谈和专家调查对初步提出的协调运行标志进行提炼和修改,进而确定最终的协调运行标志。本书基于已有的相关文献,阐述数字图书馆生态链协调运行的概念与特征。使用个人访谈法、深度访谈的方式,得出了数字图书馆生态链协调运行标志的初步结果。再利用专家调查法,对访谈结果进行再次调查、分析,确定了数字图书馆生态链协调运行的标志,即:节点间信息供求匹配、链中无无序竞争、各节点主体分工协作合理、链中节点主体关系和谐。最后对数字图书馆生态链协调运行标志进行详细的分析与解读。

(3) 确定数字图书馆生态链协调运行的影响因素及其作用机制

根据已有的研究基础,本书构建了数字图书馆生态链协调运行影响因素的概念模型。链的结构、链的自组织能力、链的利益分配、网络信息环境是数字图书馆生态链协调运行的主要影响因素。将这四大影响因素对数字图书馆生态链节点间信息供求匹配、链中不存在无序竞争、链中各节点主体分工协作合理情况以及链中信息主体关系和谐程度的影响作理论假设。在反复研究、探讨和修正的基础上,确定最终的调查问卷。选择数字图书馆链上的各类信息主体作为实证调研的对象,结合线下和网络两种方式对问卷进行发放。通过对采集到的调查数据进行统计分析,得出了样本数据的信息度和效度结果,认为样本数据具有较好的收集效果,适用于结构方程的统计分析。将数据导入设定好的数字图书馆生态链协调运行影响因素的结构模型中,通过分析和调整模型,使模型适配度达到合理标准。最后对数字图书馆生态链协调运行影响因素的作用机制进行了具体分析。

(4) 提出数字图书馆生态链协调运行优化方略

利用模糊综合评价法对数字图书馆生态链协调运行度进行测评,根据测评结果检测链的协调运行状态。利用鱼骨图分析法,专家小组使用头脑风暴法找出链不协同运行的原因。针对链的结构、链的自组织能力、链的利益分配以及链的网络信息环境等四个主要方面提出具体的优化方略。如在链的结构方面,合理控制链上节点的类型和数量,提升各节点的信息素质;在链的自组织能力方面,提升核心节点对馆藏信息资源的整合能力,提升数字图书馆的组织协调能力;在链的节点利益分配方面,要正确认识节点利益分配的问题,合理分配协调运行中产生的利益,创新利益分配方式,降低服务成本;在网络信息环境方面,优化网络信息技术,优化网络信息制度。

1.4.3　研究方法

（1）文献研究法

对相关文献进行收集、整理和研究是任何一项研究工作的基础。收集与本研究相关的文献资料,进行仔细阅读并分析,了解网络信息生态链、数字图书馆生态链、数字图书馆资源建设、协调运行的理论研究动态及最新的研究方法、应用实践。

（2）个人访谈法

个人访谈法（Interview）又称晤谈法,是指通过访员和受访人面对面地交谈来了解不同类型的人对某个问题的看法,通过整理受访者的思想来收集多方面的分析材料。在数字图书馆生态链协调运行影响因素的分析中,利用访谈法分别与若干信息生产者、数字图书馆管理者以及信息用户进行深度访谈,并对访谈结果进行整理,为分析数字图书馆生态链协调运行的相关影响因素提供论据支撑。

（3）专家调查法

专家调查法又称德尔斐（Delphi）法,是指针对某个问题,由访员拟定调研提纲,组建有代表性的专家团队,由专家团队通过调查研究对调研问题作出判断、评估和预测的一种方法。相较于个人访谈,专家们会利用全局的观点来思考问题,判断结果更具有权威性。本研究利用专家调查法,再次论证并确定了数字图书馆生态链协调运行的主要影响因素;利用专家调查的结果对各影响因素之间的相互作用机理进行了研究。

(4) 多学科交叉分析法

本研究涉及网络信息生态链、数字图书馆生态链、数字图书馆协调运行等多领域的术语,这些术语涉及生态学、管理学、经济学等多学科范畴,因此需要应用多学科交叉分析法来开展相关研究。

(5) 结构方程分析法

结构方程分析法是一种基于变量的协方差矩阵来分析变量之间关系的统计方法,是路径分析和因素分析的有机结合。结构方程分析主要用于验证假设某一个或多个自变量与其他一个或多个因变量之间存在一定关系。其主要功能是通过假设关系建立研究模型,研究模型能够十分直观地反应可观测变量与潜在变量之间的关系。本书将数字图书馆生态链协调运行的标志,即节点间的信息供需匹配、节点间不存在无序竞争、节点间分工协作合理、节点间关系和谐看作多个因变量,而链的协调运行是这几个方面的综合体现,不能单一地从某个方面判断整链的协调运行情况。因此,将这四个量作为数字图书馆生态链协调运行的因变量,利用结构方程检验各因变量之间存在的相互作用关系。

(6) 逻辑分析法

逻辑分析法是指使用逻辑推理、哲学思辨、历史求证、法规判断等思维方式,着重从质的方面分析和研究事物属性的研究方法。本书所用的逻辑分析方法主要包括:分析与综合法、归纳与演绎法、比较分析法等。在本书的文献综述、数字图书馆生态链协调运行基础理论部分运用了分析与综合法、归纳与演绎法;采用比较分析法对数字图书馆生态协调运行度进行测评,判断是否需要对链进行优化。

1.4.4 技术路线

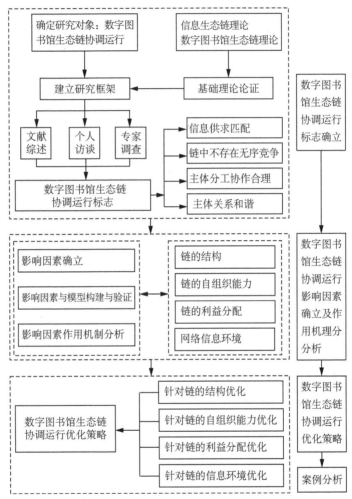

图 1.1 数字图书馆生态链协调运行研究的技术路线图

第二章 数字图书馆生态链基础理论

开展数字图书馆生态链协调运行研究必须有一定的理论研究基础。本章在厘清数字图书馆生态链及其相关概念的基础上,研究了数字图书馆生态链的结构要素及其结构模型,基于结构模型探讨了数字图书馆生态链的分类,最后阐述了数字图书馆生态链的基本运行机制,为后文的研究奠定了理论基础。

2.1 数字图书馆生态链及其相关概念

数字图书馆生态链是以数字图书馆为核心而建立的一种特殊的信息生态链。要准确理解数字图书馆生态链的内涵,首先要了解数字图书馆、信息生态链等相关概念。

2.1.1 数字图书馆

数字图书馆是传统图书馆发展到一定阶段的产物。20世纪中期,马萨诸塞技术学院利用计算机将目录检索库与文献缩微库相连,首次实现了联机文献检索,被认为是数字图书馆的雏形。1947年,美国数学家维纳在《控制论》中首次提出用计算机存储科技资料,以缓解不断增加的馆藏压力,并提出将计算机运用于图书馆的信息存储工作①。1965年,美国学者Licklider将全部利用计算机操作的图书馆称为"未来的图书馆",首次提出了数字图书馆的概念,但并没有对数字图书馆给出一个明确的定义。1978年,美国学者Lancaster提出了无纸图书馆的预言,将数字图书馆较真实地呈现在人们面前。2017年12月1日,《公共服务领域英文译写规范》正式实施,规定数字图书馆的标准英文名为Digital Library。

国内外学者从不同角度对数字图书馆有不同的理解,至今尚未形成统一的概念,综合起来有以下几种。

第一种观点认为数字图书是信息服务机构。图书馆界一直把数字图书馆看作传统图书馆的衍生品。William Y. Aims认为数字图书馆是一个为用户提供数字信息服务的图书馆②。1998年,数字图书馆联盟(DLF)首次将数字图书馆定义为信息服务机构,他们认为,数字图书馆是一个组织,该组织能够提供信息服务,包括人力资源服务。数字图书馆通过收集、存取数字化作品,利用数字图书馆平台对用户进行信息传递。黄梦醒认为,数字图书馆的本质是公共服务机构,该机构是一个虚拟知识网络体系,人们通过数字图书馆系统可以获取所需要的信息,从而提高国民整体素质③。郑巧英等也认为,数字图书馆依然以传统图书馆为基础,通过数字化的方式来进行信息利用与存储④。

第二种观点认为,数字图书馆是信息系统。阿姆斯认为数字

---

① (美)N. 维纳. 控制论[M]. 郝季仁,译. 北京:科学出版社,2009:156-158.
② William Y. Aims. Key Concepts in the Architecture of the Digital Library. Journal of Information Science. 2013(7):386-392. http://www.dlib.rg/dlib/August 2019.
③ 黄梦醒. 数字图书馆服务链:服务模式·体系架构·关键技术[M]. 北京:清华大学出版社,2013.
④ 郑巧英,陈嘉懿,张洁. 图书馆RFID应用中建立数据交换规范的思考与实践[J]. 图书情报工作,2014,58(23):91-96.

图书馆是一个有组织的信息系统,该信息系统以馆藏建设为基础,信息以数字化形式保存,并通过网络管理平台进行访问[①]。博格曼指出,数字图书馆是一个系统,是一个信息资源的集合,信息资源包括文本、数字、图形等,利用数字技术来采集、存取信息[②]。日本图书馆界认为数字图书馆是信息资源系统[③]。英国学者 Stephen M. Griffin 等认为数字图书馆是用数字技术来采集、存储和保存信息并提供数字信息的一种计算技术系统[④]。英国图书馆专家 G. Jefcoate 等进一步指出数字图书馆是一种自动化系统[⑤]。

第三种观点认为,数字图书馆就是数据库[⑥]。"数字图书馆"一词来源于英文"digital libraries",从牛津大辞典中可以看出"libraries"不仅仅有图书馆的含义,也有"库"的含义,因此,部分学者认为数字图书馆就是数据库。从美国数字图书馆建设的发展历程来看,大都是以项目的形式,按照一定的目的和专题进行的,成果一般也以数据库的形式存在。美国数字图书馆联盟认为数字图书馆是一种为了特定的目的而建设的数字化项目[⑦]。IBM 数字图书联盟认为数字图书馆是一种数字信息资源的组织形式[⑧]。我国也有一些数据库用数字图书馆来命名,如 CNKI 数字图书馆、超星数字图书馆、古籍数字图书馆等。

本书认为,数字图书馆是依托于传统图书馆,为信息用户提供

---

① [美]阿姆斯(Arms, W. Y.).数字图书馆概论[M].张亮,译.北京:电子工业出版社,2000.
② 英国国家数字图书馆规划站点:http://www.bl.uk/services/ric/diglib.
③ 日本国会图书馆电子图书馆项目站点:http://www.ndl.go.jp/ndhelp/ndexe.html.
④ Stephen M. Griffin. Taking the initiative far digitallibraries[J]. The Electronic Library,1998,16(1):14-16.
⑤ 英国国家数字图书馆规划站点:http://bl.uk/services/ric/diglib.
⑥ 刘炜,等.数字图书馆引论[M].上海:上海科学技术文献出版社,2003.
⑦ 美国数字图书馆联盟 Web 站点:http:lcweb.log.gov/loc/hdif/ndlfhome.html.
⑧ IBM 数字图书馆站点:http://www.ibm.com/features/library about.html.

数字信息服务的信息服务机构。为了更全面地对数字图书馆的概念加以理解，我们还必须明确以下两点：

第一，数字图书馆是传统图书馆中的某一个或者几个部门联合开展数字信息服务的机构。例如，国家图书馆专门设置有数字资源部来负责数字图书馆的运行工作；一般高校数字图书馆是由几个部门共同协作完成数字图书馆的工作，通常为资源建设部、参考咨询部和技术部等，资源建设部主要负责数字图书馆的数字资源馆藏构建、日常管理、协调以及用户认证等工作，参考咨询部主要负责数字资源的宣传与咨询等工作，技术部主要负责数字图书馆的平台建设、门户管理、资源展示等工作。

第二，信息用户是指数字图书馆以一定的授权方式认可的用户。每个用户均拥有自己独立的账号和密码，数字图书馆对信息用户进行属性管理，包括借阅权限、使用期限、使用IP地址等。信息用户通过数字图书馆平台下载和使用数字信息资源。

2.1.2 信息生态链

生态链是一个生物词语，指在一个特定的生态群落中，各种物质能量通过生产者、消费者和分解者之间的循环形成的一种能量转换和互为依存的关系[①]。近年来，学者们尝试从生态学的视角研究信息生态链。信息链的概念首次由李美娣提出，她认为信息链是信息场之间由于信息的流动而形成的一种链式关系[②]。韩刚等认为信息链是一种信息生态系统，包含信息、信息人和信息环境等基本要素[③]。娄策群等从信息生态学的角度研究了信息生态链的

[①] 戴伟辉，戴勇.网络游戏生态链研究[J].软科学，2005,19(1):11-14.

[②] 李美娣.信息生态系统的剖析[J].情报杂志，1998,17(4):3-5.

[③] 韩刚，覃正.信息生态链：一个理论框架[J].情报理论与实践，2007,30(1):18-20.

构成要素和信息环境,指出信息生态链主要由信息、信息人两个要素构成①。娄策群关于信息生态链的概念中着重强调信息是信息生态链中的客体,信息质量的好坏、信息流转的速度以及信息的反馈机制直接影响信息生态链的成长和发展。

信息人是信息生态链中的主体。在信息生态链中,根据主体的分工不同,可以分为信息生产者主体、信息传递者主体和信息消费者主体。信息在各信息主体之间流动和传递,这一过程中又会产生新的信息。各种信息通过不同信息主体的相互协作来进行流转和反馈。

信息环境包括宏观信息环境和微观信息环境。宏观信息环境主要是指国家层面上出台的相关信息制度保障、信息基础设施以及人文信息素养等等;微观信息环境是指具体支持信息生态链态链运行的相关设备和技术环境,如计算机、网络布置、系统软件与应用平台、信息专业人员等。

不同的信息生态链,其构成主体各有不同。如商务网络信息生态链由商务信息环境、商务信息主体、商务信息以及信息技术构成②。社会网络信息生态链由社会网络信息环境、社会信息主体、社会信息用户构成③。

2.1.3 数字图书馆生态链

结合数字图书馆和信息生态链的概念,笔者认为数字图书馆生态链是在网络信息生态环境中,由数字图书馆、数字信息生产者、信息用户围绕数字信息流转和数字资源开发利用而形成的链

---

① 娄策群.信息生态系理论及其应用研究[M].北京:中国社会科学出版社,2014.
② 许孝君,张海涛,瓮毓琦,等.商务网络信息生态链结构模型构建[J].图书情报工作,2013,57(15):50-55.
③ 魏傲希,孙梦瑶,马捷,等.社会网络信息生态链国内外研究述评[J].情报科学,2013,31(10):154-160.

式依存关系①。数字图书馆生态链是围绕数字图书馆这个核心节点构成的,数字图书馆的基本功能是信息服务,因此,数字图书馆生态链也可以看作是一种典型的信息服务生态链。

与普通信息服务生态链对比,数字图书馆信息生态链的概念中有以下特点。

(1) 数字图书馆是核心节点。在数字图书馆信息生态链中,除了普通信息生态链必有的创造和生产新信息的信息生产者,以及具有一定的信息需求、能通过信息交流活动汲取信息的信息消费者,数字图书馆是必不可少的节点,是整个链的核心,也是整个链的标志。因此,在分析数字图书馆信息生态链时始终是围绕核心节点数字图书馆的,包括它的特点、与上下游的链接方式以及与其他节点的关系。

(2) 核心节点直接与用户相链接。用户是最终的信息消费者,核心节点与信息消费者直接相连能保证最直接、最真实地得到信息消费者的反馈信息,同时也方便核心节点主动挖掘用户的隐性需求,以调节信息流的内容或优化链的结构。

(3) 数字图书馆信息生态链结构组成比较简单固定。与一般信息生态链相比,数字图书馆信息生态链是"短"链,其结构组成比较简单固定,信息传递环节相对较少,信息直接由数字图书馆提供给用户——信息消费者。在上游环节,部分信息也是由数字图书馆直接对信息生产者的信息进行收集、组织和加工得到的,当然大部分信息会经过出版发行商和数据库商等辅助传递者。

---

① 程彩虹,陈燕方,毕达宇.数字图书馆信息生态链结构要素及结构模型[J].情报科学,2013,31(8):15-18.

2.2 数字图书馆生态链的结构

数字图书馆生态链的结构是指根据数字图书馆生态链构成要素的组合形式与组织方式而形成的不同的链式关系[①]。数字图书馆生态链的结构要素包括节点、节点连接方式、节点组合、节点连接关系四个方面,各要素之间相互作用产生数字图书馆生态链的结构模型。

2.2.1 数字图书馆生态链的节点

数字图书馆生态链的节点是指协助信息流转的各类分工不同的信息主体。根据链上信息主体的功能不同,数字图书馆生态链的节点由数字信息生产者节点、数字信息传递者节点和信息用户节点三个主要部分组成。

(1) 数字信息生产者节点

数字信息生产者节点是指进行数字信息创造和生产的团体或者个人[②]。在本书中,笔者将数字图书馆生态链上能够向数字图书馆提供数字信息产品的团体或者个人统称为数字信息生产者节点。从数字图书馆的实际业务工作来看,图书馆不可能自己从事收集电子资源的全部工作,该工作一般委托第三方,即数字信息生产者来进行。根据数字信息资源的类型可以将数字信息生产者分为电子图书生产商、电子期刊生产商和数据库商等。数字信息生产者节点是整个链的起点,其节点数量的多少、产品质量的好坏以

---

① 娄策群,余杰,聂瑛.网络信息生态链结构优化方略[J].图书情报工作,2015,59(22):6-11.
② 王锰,郑建明.我国数字图书馆运行模式研究:基于公共文化事业和泛在知识环境视角[J].图书与情报,2012(5):21-25.

及信息流转的速度等直接决定整个数字图书馆生态链的运行效果。

(2) 数字信息传递者节点

数字信息传递者是指通过数字图书馆生态链传递和传播信息的机构，数字图书馆理所当然地承担了该职责。当然，在数字图书馆生态链中，数字图书馆也兼有数字资源组织者的功能，传递和组织的功能在该链上是合二为一的。数字图书馆是整个链的核心节点，链的上下游节点由数字图书馆选择并组建。数字图书馆传递的资源分为两种：一种是自有信息资源，是指图书馆通过购买或者是自建形成的数据库，该种类型资源读者可以从数字图书馆中自由下载使用；另外一种是分享型信息资源，指图书馆将相关信息资源的链接放在数字图书馆的主页上，信息用户通过分享获取的方式获取信息资源，其使用权限由被分享的单位确定。

(3) 信息用户节点

信息用户节点是指数字图书馆生态链上的信息消费者。用户在数字图书馆经过注册认证方可成为链上的信息用户节点。个人用户是指以个人身份到图书馆注册并认证的用户，如高校数字图书馆中的教师、管理人员以及在校学生；机构用户是指以集体的名义到图书馆注册并认证的用户。信息用户的信息需求是数字图书馆生态链信息流转的基本动力。

2.2.2　数字图书馆生态链的节点连接方式

数字图书馆生态链的连接方式是指链上节点之间相互联系、相互交互所采用的方式。数字图书馆信息生态链的连接方式具有多样化、闭环性等特点[1]。多样化是指节点之间的相互访问方式多

---

① 程彩虹,等.数字图书馆信息生态链结构要素及结构模型[J].情报科学,2013,31(8):15-18.

种多样,如数字图书馆与数据库商之间既可以通过网络系统连接,也可以通过光盘连接;信息用户既可以通过 PC 机访问数字图书馆,也可以通过手机、平板等方式访问。闭环性是指信息在连接节点之间的流转是双重性的,信息用户在使用数字资源的同时,其使用路径、相关咨询信息也会生成信息回流到链上的相关节点,形成一个信息的闭环。

数字图书馆生态链上的节点一般通过一定的管理平台进行链接,其既能进行资源的整合,又能与信息用户进行线上交流,实现信息的双向流动。核心节点数字图书馆通过建立自己的门户网站构建管理平台。

2.2.3 数字图书馆生态链的节点组合形式

数字图书馆生态链的节点组合是指数字图书馆生态链中节点的类型、数量及其组合状况,有纵向组合、横向组合和地域组合。

纵向组合决定数字图书馆生态链的长度,是指数字图书馆生态链上同一生态位中存在的不同功能的节点的数量。数量越多,说明数字图书馆生态链节点的纵向组合越复杂,形成的数字图书馆生态链就越长。如一本电子图书,首先要经过作者写作,然后交由出版社出版,之后才能进入数字图书馆,可见一件产品至少需要两个以上不同功能的信息生产者共同完成,即信息生产者节点上至少有两个以上不同功能的信息生产者。

横向组合决定数字图书馆生态链的宽度,是指数字图书馆生态链上同一生态位中存在的相同功能节点的数量。数量越多,说明数字图书馆生态链的宽度越宽。如信息生产者节点中,相同功能的数据库商越多,信息生产者节点越宽;在信息传递者节点中,数字图书馆越多,则信息传递者节点越宽。在同一条数字图书馆生态链中,无论哪个节点的宽度增加,都会造成链的宽度增加。

地域组合决定数字图书馆生态链的广度，是指数字图书馆生态链上节点的地域分布状况。数字图书馆生态链中的任一节点的地域组合变广，形成的数字图书馆生态链广度就变大。

2.2.4 数字图书馆生态链的节点连接关系

"关系"是人与人之间、人与事物之间、事物与事物之间的相互联系。数字图书馆生态链的节点连接关系是指链上节点之间相互联系、相互作用的状态。从前文可知，数字图书馆生态链的节点连接方式多样，其产生的关系必然会具有多样化、复杂化的特点。

按照节点的作用不同，可以分为主次关系与平等关系。数字图书馆生态链中的核心节点为数字图书馆，即数字图书馆在整个链上处于主要地位，其他节点均依附数字图书馆而生存。如数字图书馆不存在，则其他节点也随之解体。节点连接的平等关系是指数字图书馆生态链上的各节点均处于平等的信息环境之中，对信息技术、信息制度均认可，这是各节点之间相互连接，构成一个完整的信息生态链的基本条件。

按照节点的连接动力作用，可以分为互利共生关系和协调竞争关系。

利益驱动是数字图书馆生态链节点之间产生连接的先决条件。互利关系，指某个节点在不损害其他节点利益的前提条件下与之建立关系，或者是能让合作伙伴同时获利[①]。在数字图书馆生态链的信息流转过程中，不同节点会产生不同的利益，不同的节点对利益的认可方式与期望值也有所不同，只要能达到信息主体的期望值，那么信息主体便是受益方。数字信息生产者将数字信息以买卖的方式流转给数字图书馆，必然会得到经济上的利益，随着

---

① 毕达宇.电子商务信息生态链平衡机理研究[D].武汉：华中师范大学，2015：42-75.

信息产品社会认可度的提升,数字信息生产者的社会形象随之提升,继而会产生社会利益。数字图书馆通过购买、共享等方式获取数字信息,再经过加工、整理后推送给信息用户,实现了数字图书馆公共服务的社会职能,在信息流转的过程中,数字图书馆也会获得社会、经济利益。信息用户获取了自己所需要的信息资源,通过利用、消化、增加并创造出新的知识,信息用户的个人能力得到提升,从中得到了知识利益。因此,在数字图书馆生态链的信息流转过程中,各节点主体都以数字图书馆为载体,各自获得需要的利益。

2.2.5 数字图书馆生态链的结构模型

(1) 理论上的数字图书馆生态链结构模型

根据数字图书馆生态链的形成理论,链上只要有信息生产者、信息传递者和信息消费者三类节点存在且每类节点的数量只有一个,这时我们可以将链上的每个节点看成是一个单细胞组织。数字信息从生产者流向传递者,再通过传递者流向信息用户,那么从理论上来讲,这个数字图书馆生态链就形成了,我们也称之为单细胞节点数字图书馆生态链(图2.1),这种单细胞的数字图书馆生态链在实践中并不存在,因为数字图书馆生态链中有可能只有一个信息生产者,但是不可能只有一个信息用户。

图 2.1 理论上的数字图书馆生态链

(2) 数字图书馆生态链结构模型

数字图书馆生态链上的核心节点是数字图书馆,根据链上核心节点的数量,可以分为单链型数字图书馆生态链和汇聚链型数字图书馆生态链。

① 单链型数字图书馆生态链

数字图书馆生态链上的核心节点由一个数字图书馆担任,一般规模较小,建设主体单一,链上的信息主体共用同一个数字图书馆系统,遵循共同的规范和准则。如高校数字图书馆生态链便是单链型数字图书馆生态链。信息传递者节点由各高校图书馆担任,信息用户是本校的师生,信息服务商由高校图书馆自主选择,数字图书馆建设的目的是满足本校师生的教学和科研需要,在进行数字资源选择时以学校的学科建设和师生的需求为导向。单链型数字图书馆生态链结构模型如图2.2。

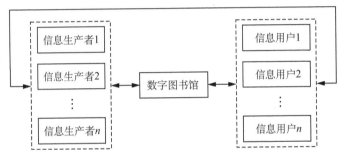

图2.2 单链型数字图书馆生态链结构模型

② 汇聚链型数字图书馆生态链

数字图书馆生态链的核心节点信息主体增多,必然会带来信息用户节点数量的增加。根据信息流转的需要,数字图书馆生态链上信息生产者节点和信息用户节点会采用各种不同的方式进行组合,数字图书馆生态链的结构也会慢慢变成汇聚链型。汇聚链型数字图书馆生态链结构模型如图2.3。

从生态位的角度来看,汇聚链型数字图书馆生态链上的各节点宽度变宽,则信息组织能力会随之变强,信息需求也会随着信息用户的多样化而变得多样化。如由我国文化和旅游部投资,国家图书馆牵头,各级公共图书馆参与建设的国家数字图书馆地方专

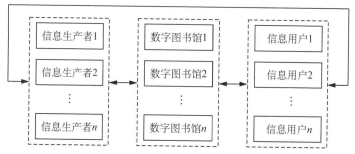

图 2.3 汇聚链型数字图书馆生态链结构模型

题库,截至 2017 年,共有元数据超过 3 亿条。该链上的核心节点由参与该项目建设的相关图书馆组成,数字资源分布在异构的数字图书馆系统上,遵循的准则基本相同,各参与馆的信息用户都能够检索国家数字图书馆专题库。

由以上分析可以发现,在单链型数字图书馆生态链中,除了数字图书馆这个传递层的节点数量是单一的,其他各层级均有多个节点,某个信息生产者或者是用户出现问题,不会对整个链的信息流转造成影响;但是当数字图书馆出现问题时,由于没有替代节点,则会影响整个链的信息流转,甚至会出现信息中断或者是断链的现象。如数字图书馆由于系统更新或是网络设施出现问题,则会造成数字图书馆生态链的暂时中断,核心节点运行的稳定性影响整条链的稳定性。

而在汇聚链型数字图书馆生态链中,各个节点均由不同种类和数量的信息主体构成。数字图书馆节点的主体增多,则数字图书馆所拥有的资源类型、资源数量、资源质量等都均有所提升,信息用户能够获取的信息资源也会增加。但是由于建设主体多元,会带来管理上的问题,同时,因为资源分布在异构的数字图书馆系统上,也会由于平台异构化、技术多样化带来利用上的不便。

2.3 数字图书馆生态链的类型

根据数字图书馆生态链的规模、大小及链上节点的种群不同，可分为不同的类型。任何一种类型的数字图书馆生态链的协调运行都离不开管理主体的组织与管理。从管理主体的角度来看，我们可以将数字图书馆生态链分为政府主导型数字图书馆生态链、核心节点主导型数字图书馆生态链和市场主导型数字图书馆生态链。

2.3.1 政府主导型数字图书馆生态链

政府主导型数字图书馆生态链是由政府组织建设的数字图书馆生态链。信息传递者节点由政府以招标或者邀约的方式进行选择。由于信息传递者种群数量增加，节点也随之增加，有的主体的种群层级会高于其他种群，这就需要有一个高于链上所有节点的层级的组织来管理、协调该链上的信息管理主体。政府主导型的数字图书馆生态链的管理主体一般由主管该行业的政府部门来担任，依托一个实体图书馆共同组成协调管理的主体。

政府主导型协调管理主体的主要职能是制定本生态链上的战略发展规划，监督各个节点的协调运行情况，并对整个生态链进行全程的协调与控制。政府作为协调运行管理主体中的领导，更加强调从宏观上进行决策管理，从政策法规上进行规范，从组织实施上提供保障。这种协调管理主体，既有利于发挥政府的职能，强化政府的宏观控制和指导，又有利于各协调管理主体和链上各节点分工合作，实现有效的协调管理。

全球有代表性的政府主导型数字图书馆生态链如下：

（1）美国国会数字图书馆生态链。1995年，为了收集和保存具有美国特色和历史纪念意义的文献资料,美国国会依托美国国会图书馆选择具有代表性的成员馆共同开展这项工作。起初以美国国会国家图书馆中的馆藏作为数字化的基础,将该馆馆藏中符合建设要求的文献资料进行数字化转换,并通过美国国会图书馆提供给全球用户使用[①],构建了美国国会数字图书馆生态链。在项目的起步阶段,由美国国会成立专门的机构对该项工作进行统筹安排,选择美国国会图书馆作为该项目的主要承担者,具体进行文献资料的数字化工作。在项目的实施过程中,对数字化工具,数字化标准等方面进行了广泛的协调。在数字资源的长期保存与使用方面,为世界各国数字图书馆的合作建设提供了宝贵的经验和财富。2005年,美国国会数字图书馆开始与世界各地的国家图书馆合作,扩大了该数字图书馆生态链上下游节点的数量,并对用户的使用权进行了具体的研究。该数字图书馆生态链在全球范围内协调运行效果良好,为全球用户提供了丰富的免费信息资源。

(2) 加拿大国家数字图书馆生态链。1994年,加拿大政府以先导项目的形式,组织相关机构,围绕数字化资源的管理制度、电子化工具、数据库开发以及提供数字化服务等方面广泛地开展了协调研究,重点建设了该国的出版类目录数据库[②],构建了加拿大数字图书馆生态链。

(3) 英国国家数字图书馆生态链。英国政府于1993年依托英国联合信息委员会,组织相关机构,围绕英国高等教育资源进行了协调开发,促进了信息技术在英国高等教育中的应用[③]。该组织在文献资源数字化、在线出版、电子期刊、网络资源检索服务等方面

---

① 美国国会数字图书馆项目进展[EB/OL]. [2010-04-06]. http://lcweb3.loc.gov/ammem/dlib2.
② 加拿大数字图书馆先导项目[EB/OL]. [2010-04-07]. http://www.nlc-bnc.ca/cidle.html.
③ 英国电子图书馆项目评价[EB/OL]. [2010-05-01]. http://www.csscipaper.com.

开展了理论与实践相结合的探讨,并取得了较丰富的成果。2003年,英国政府颁布了《法定呈缴图书馆法案》,通过法律的形式来保障国家层面文献资源收集的合法性和全面性,这也扩大了英国国家数字图书馆资源收集的范围,为英国国家数字图书馆的资源收集提供了良好的环境。截至2015年,英国国家数字图书馆馆藏资源已经达到134 000万页,还有4 468 000余万条网上编目,拥有网络读者435 600万人,检索次数达到398次/min[①]。

(4)中国国家数字图书馆生态链。2011年,按照国家"863计划",由国家文化局、国家科技局、科技部以及相关数字图书馆专家共同组成了中国数字图书馆发展战略小组,负责中国数字图书馆示范建设工程。中国教育部依托北京大学图书馆组织了中国社会科学院图书馆、中央党校图书馆、中国科学院图书馆与中国国际广播电台等多家机构共同进行该项目的建设,国家财政投入1.73亿元,地方财政投入9 978.4万元用于该项目的建设,香港宏安公司赞助5 000万元用于海外网站的建设。项目利用虚拟网,将包括国家图书馆在内的60家图书馆进行互联,利用统一互认的平台,共享资源总量超过880 TB。中国数字图书馆还创建了中国传统文献、文物库,供海内外读者免费使用,为信息的高速有效流转创造了良好的条件。

从现有政府主导型数字图书馆生态链的协调运行情况来看,必须从资金、技术、信息资源及团队等方面进行全面协调,才能保证链的正常运行。政府主导型数字图书馆生态链属于汇聚型数字图书馆生态链,链上各节点的生态位宽度增加,信息资源较丰富,信息用户种群多,信息需求多样化,但也会因为节点之间的连接方式如资源异构,产生资源利用不便的问题。同时,资源的揭示与发

---

① 英国电子图书馆项目评价[EB/OL].[2015-12-01]. http://www.csscipaper.com.

现解决链上协调运行过程中出现的问题,也是当前政府和数字图书馆界面临的现实问题,后者也是本研究需要探讨的问题之一。

2.3.2 核心节点主导型数字图书馆生态链

当链上协调运行的管理主体直接从核心节点中产生时,便构成了核心节点主导型数字图书馆生态链。如果核心节点只有一个,则该节点就是链上协调管理的主体;如果核心节点由多个同生态位的节点组成,则需要从同生态位的节点中选举产生一个协调管理主体。如高校数字图书馆联盟生态链一般由高校联盟中公认的节点能力强、本馆信息资源丰富以及技术能力强的节点图书馆来担任,如华中地区高校数字图书馆联盟生态链的协调管理主体由武汉大学图书馆担任。

核心节点主导型数字图书馆的协调管理主体承担链上协调运行的管理职责,既要做好核心节点信息传递者内部的协调管理工作,也要与上下游节点进行沟通和管理,促进链上的协调运行正常进行。

核心节点主导型数字图书馆生态链在资金投入、信息资源丰富程度以及技术能力等方面存在一定的困难,尤其是核心节点生态位上的成员馆自身水平参差不齐,给协调管理主体管理带来了一定的难度。因此,要重点协调核心节点内部之间的关系,尤其要解决好核心节点之间的权利与义务关系,科学公平地进行利益分配。如各高校数字图书馆联盟在联合采购数据库时,各成员馆的信息用户可按照投入的比例享受免费下载资源,但均可检索数字图书馆联盟中的信息资源。

2.3.3 市场主导型数字图书馆生态链

随着市场经济的发展,一些机构专门从事数字资源的收集、整理工作,形成了丰富的数字馆藏,并以市场运作的形式将信息流转给信息用户,形成了市场主导型数字图书馆生态链。如CNKI数字图书馆、超星数字图书馆、重庆维普数字图书馆、万方数字图书馆等。该链上信息组织机构是核心节点,承担信息传递者的任务,期刊社、出版社、各高校学位论文作者等成为信息生产者,信息用户(机构信息用户和个体信息用户)是信息消费者。

市场主导型数字图书馆生态链的协调管理主体由第三方机构担当,上下游节点之间主要通过买卖的方式实现信息资源的流转。

2.4 数字图书馆生态链的运行机制

数字图书馆生态链的运行机制是指构成数字图书馆生态链的各要素之间相互联系或制约的关系及其功能。运行机制研究各构成要素之间的相互联系或制约的关系及其功能[1]。要促进数字图书馆生态链各构成要素之间的协调运行,必须先了解其运行机制。

2.4.1 数字图书馆生态链成长机制

数字图书馆生态链成长机制是指链从诞生到形成的过程中各构成要素间相互协调、平衡运作的关系[2]。数字图书馆生态链协调运行的形成动因是指促使链中节点相互协调合作的动力。数字图书馆生态链协调运行的主体是链中不同种类的信息人,信息人的需求、任务和目标得到满足是整链协调运行的根本动因。只有链中节点的信息需求、价值需求得到满足,整链运行的任务和目标得到实现,数字图书馆生态链协调运行的价值才得以实现。综合而

---

[1] 陈海秋,韩立岩,郑葵芳,等.发挥知识产权制度功效:基于运行机制内涵的分析[J].科学学研究,2007,25(51):80-84.
[2] 肖钠.图书馆供应链信息生态链的运行机制研究[J].图书馆理论与实践,2016(12):44-48.

言,数字图书馆生态链协调运行的形成动因可以归纳为两类,即信息用户的知识需求以及链中各类节点的价值需求。

信息需求是信息流转的拉动力,利益诉求是信息流转的推动力。作为传统实体图书馆的演变和延续,数字图书馆同样承担着传递知识、提供知识服务的重要职能,可以说数字图书馆是虚拟的知识服务机构。信息用户通常出于丰富文化精神生活、增加知识数量、扩大知识面、提高知识深度或利用获取的知识解决现实中的问题的目的而主动参与链中信息流转的活动。信息流转活动的本质就是信息在节点间的流动和转化,是一项多节点间的协作活动,不能离开链中某一类节点而存在。在这个过程中,数字图书馆承担着搜集、组织及提供信息或知识的重要职能。链中信息生产者承担着生产数字信息,并提供给下游节点数字图书馆的职能。信息用户从数字图书馆处获取数字信息资源,经过理解、消化和吸收后转变成自身的隐性知识。信息用户的信息需求具有多样性和易变性,不同链中的信息用户的信息需求不同,处于同一链中的不同信息用户的信息需求也存在一定差异。即便是处于链中同一节点的信息用户,由于自身的信息素养及职业差异,也会存在信息需求的不同。某种知识虽然在一段时间内可以帮助信息用户解决某些问题,但随着用户知识的增长,其知识结构在不断发生变化,新的问题也会不断产生,因此信息用户的知识需求也在不断发生变化。当信息用户产生新的知识需求时,链中形成新的信息流转,节点间又产生新的协作,数字图书馆生态链也向新的方向不断演进。可见,链中用户的知识需求是带动整链信息流转以及促使节点与节点相互协作的根本原因。虽然随着数字图书馆生态链的不断发展和演进,链中或链外的环境因子,如信息技术、信息制度等也在发生变化,这些变化在一定层面上促使链中节点的交互方式、协作模式等发生改变,同时也刺激信息用户产生新的知识需求,但相比于链中信息用户新的知识需求,这些不是促成数字图书馆生态链协调运行的根本原因。

信息价值和信息经济价值是形成数字图书馆生态链主要的动力。信息经过一定程度的加工就能产生信息价值，其在生产者、传递者和消费者之间流转时会产生经济价值。如数字图书馆向数据库商购买信息产品，数据库商获得信息的经济价值，图书馆获得了具有信息价值的信息；然后图书馆将信息经过加工、整理后提供给信息用户。用户对信息的不断需求，促使信息生产者不断生产新的有价值的信息，当价值信息转化为经济效益时，则会推动链的成熟与发展。

2.4.2 数字图书馆生态链信息流转机制

数字图书馆生态链信息流转包括信息流动和信息转化两类方式。信息因为供求关系与反馈机制在链上流转，在流经每个节点时都会以不同的形式进行转化。在信息生产者节点，信息生产者会对各种原始数据进行采集、筛选并转成信息产品；数字图书馆会对流入的信息进行储存，并在数字图书馆平台上对信息进行宣传、给出链接；信息用户获取所需的信息，数字图书馆以及信息生产者通过查看用户行为记录可以得知信息的使用效果及用户偏好，从而调整产品开发以服务策略。现代信息技术的发展，形成了"信息互联"的局面，数字图书馆生态链上的信息从生产、传递到使用的过程就是信息流转的过程，信息在每个节点的流动和转化过程都会产生双向效果。如信息生产者在生产信息的过程中，下游各个节点都能通过信息生产者平台了解信息生产动态；信息生产者也能够通过数字图书馆平台查阅信息产品的传递效果，通过信息用户的使用反馈，了解信息的使用效果以及信息用户的信息需求。

不同的节点对信息有不同的需求，各类最新的信息需求会拉动信息生产者加大产出的力度。如电子图书商的需求会拉动出版社加快电子图书的产出；数字图书馆对信息的数量和质量需求会拉动信息生产者产出不同种类的高质量的信息产品；用户对信息的需求会拉动数字图书馆不断增加馆藏资源的数量和种类等。在数字图书馆生态链中，推动力与拉动力同时作用，共同促进信息的流转。信息流转的动力大小、持续时间长短等直接影响到数字图书馆生态链信息流转的效率。利益诉求反映主体的行为动机，分为物质利益和精神利益。如数据库商出于经济利益诉求生产数字产品，通过消费者的购买行为实现其经济收益。

2.4.3 数字图书馆生态链价值增值机制

数字图书馆生态链的价值分为链的节点价值和整体价值。节点价值的表现形式有经济价值、素质价值和形象价值。当链上的节点价值增值，整条链处于结构合理、协调活动正常时，整链的价值也会得到提升。如数字信息生产者节点的价值增值体现在生产产值中，数字图书馆即传递者节点的价值增值体现在社会服务效果上，信息消费者节点的价值增值体现在信息获取的便利性、有效性以及经济性等多方面。

数字图书馆生态链价值增值的影响因素主要包括节点因素、数字图书馆生态链的整链因素以及数字图书馆生态链的外部因素。节点的价值创造能力、节点的价值目标定位等影响数字图书馆的价值增值。而数字图书馆生态链的协调状况、链内的价值分配等会直接影响数字图书馆生态链的整链发展；数字图书馆生态链的外部影响因素主要是指宏观信息生态环境因素，包括信息政策、信息经济的投入、信息文化背景及信息技术等。研究这些影响因素，有利于加强多方节点的协调，促进数字图书馆生态链的整链价值增值。

2.4.4 数字图书馆生态链互利共生机制

数字图书馆信息生态链互利共生机制研究数字图书馆生态链协调主体之间的互利共生关系，包括数字图书馆生态链互利共生的概念、类型、影响因素和基本规律。

数字图书馆信息生态链互利共生是指数字图书馆信息生态链共生主体在共生利益创造与分配中的互利关系。其有多种模式,按信息生态主体在数字图书馆生态链中的相对位置不同,有同级节点互利共生模式和异质节点互利共生模式;按信息生态主体之间相互作用的频度不同,有间歇互利共生模式、连续互利共生模式以及一体化互利共生模式;按共生主体所获利益类型与结构不同来分,有一元互利共生和多元互利共生;按照节点利益分配与投入的匹配程度来分,有公平互利共生与偏畸互利共生等。不同的互利共生模式各有其基本特征和适用范围。在数字图书馆生态链中,信息主体在互利共生中必然存在利益分配问题。比较常见的利益分配方式有偏利分配、非公平互利分配和公平互利分配,各种分配方式也有其利弊与适用范围。

2.4.5　数字图书馆生态链协调竞争机制

数字图书馆生态链的协调机制是指通过一定的人工措施,促使链的结构稳定,使链的协调活动自动实现从无序到有序。在数字图书馆生态链中,协调机制主要体现在以下几个方面:第一,链的发展规划与所处的宏观环境协调。宏观环境包括社会、经济、文化、教育和法律,链的发展一定要符合宏观外部环境并随其变化及时调整运行路径。第二,链的发展规划与链的微观环境协调,微观环境主要是指链上的各构成要素。信息生产者节点要在战略目标及信息生产能力上相互协调,既要保证信息产品的质量,使之得到数字图书馆的认可,又要使其产品价格控制在数字图书馆可以接受的范围内。第三,链内管理主体之间的相互协调。链上任何一个协调活动的产生和发展都需要有管理主体来组织完成,管理主体由各节点中选派的主体组成。由于管理主体是一个团体,故必须进行协调,主要包括职权协调、分工协调和管理过程协调。职权协调是指将管理主体分成高层管理主体、中层管理主体和基层管理主体,对各自的职责进行分工,明晰权责;分工协调是对链上的信息生产者、信息传递者和信息用户的角色进行定位,避免出现无序竞争的状态;管理过程协调是管理主体就该链上的协调活动的管理工作进行协调。首先对该链上的整体运行计划,如何进行组织设计,如何进行各个节点的监督和管理等进行协商,接着以文件的形式对各自的分工与职责进行详细明确界定,最后制定相关的监督和管理机制。

数字图书馆生态链的竞争机制是指各节点主体为了自身利益而开展的竞争行为。竞争往往与协调相随,因为数字图书馆生态链上的上下游节点之间、同级节点内部都是在不断协调的前提条件下运行的。链上的竞争活动主要产生同级节点内部同级。如信息生产者之间的竞争主要体现在信息产品定位、市场销售上。信息用户之间的竞争主要体现在资源获取的途径上,如当很多信息用户同时下载某一数据库时,就会出现信息堵塞或者停滞状态;当数据并发用户数满时,后面的用户就不能使用数据库,这种竞争是随机的,用户只能通过自己的经验常识来规避这种竞争。各节点信息主体之间的不断竞争势必促进信息主体通过各种措施来提高自身的核心竞争力,如知识创新、技术革新等,如此循环往复,最终实现整链的协调运行。

2.5 本章小结

本章阐述了数字图书馆生态链的基本理论。首先,在厘清数字图书馆、信息生态链的概念的基础上,界定了数字图书馆生态链的概念;接着,剖析了数字图书馆生态链的结构与模型;最后,阐述了数字图书馆生态链的运行机制,为后续研究打下了一定的理论基础。

第三章 数字图书馆生态链协调运行标志的界定

确定数字图书馆生态链协调运行的标志，是本书的重要内容，也是本书的创新点之一。本章在对数字图书馆生态链协调运行的概念与特征进行分析的基础上，提出了数字图书馆生态链协调运行的初步标志。接着运用个人访谈法对这些初步标志进行调查分析，通过专家调查法对数字图书馆生态协调运行的初步标志进行修正，归纳总结数字图书馆生态链协调运行的标志，并对标志进行理论分析。

3.1 数字图书馆生态链协调运行概念及特征分析

3.1.1 数字图书馆生态链协调运行的概念

所谓协调，就是指通过一定的方式或者方法使两个或者两个以上的资源或者个体共同完成某一目标的过程。协调的最终目的是促进与推动系统内各要素和子系统不断向前进化。如果一个管理系统中的各子系统之间能够相互兼容，共同围绕既定目标运作，达到共赢的效果，就是协调效应。反之，系统内各子系统不能兼容，难以发挥其应有的功能，甚至导致整个系统陷于无序的状态①,就是失调或协调失灵。

协调运行是指某一系统中的不同要素通过相互配合、相互协作来推动事物向前发展,最终实现共同目标。在第二章中提到,数字图书馆生态链是数字信息在各类不同节点间流转而形成的链式依存关系。因此,它本质上是一项多主体间相互依赖、相互协作、相互影响,共同完成既定的信息流转目标的活动。

网络信息生态链中的协调活动是指网络信息生态链内或链间多个信息主体分工协作、共同完成某项任务。数字图书馆生态链协调运行是指链中各主体之间以及链中主体与链外主体间通过一定的方式或运用一定的手段相互适应、相互协作、相互满足,从而实现链中信息高效流转的活动②。协调运行产生的效果或带来的价值增值必然大于各节点单独运行产生的效益。需要强调的是,从广义的角度讲,数字图书馆生态链中的协调包括主体间的协调、主体与环境因子间的协调以及不同环境因子间的协调等,协调运行的目的是提升链上的信息流转效率。

3.1.2 数字图书馆生态链协调运行的特征

(1) 数字图书馆生态链协调运行的相对性

数字图书馆生态链协调运行强调的是链运行过程中各节点相互协作、相互扶持,整链稳定运行。不同类型的、处于不同发展阶段的数字图书馆生态链会处于不同的协调运行状态,因此数字图书馆生态链协调运行是相对而言的,没有绝对的协调运行。首先,数字图书馆生态链协调运行涉及链中多个不同类型节点及节点间的多样化协作关系。链中所有节点同时处于较好的协作状态是数

---

① 协调理论[EB/OL].[2009-9-6]. http://wild.mbalib.com/wild/%ES%8D%8F%ES%90%8C%E8%AE%BA.

② 桂晓苗.电子商务生态链协同竞争机制研究[D].武汉:华中师范大学,2013:59-152.

字图书馆生态链协调运行的最佳状态，但不是绝对的、唯一的协调状态。因此，当链中某些节点间暂时处于协调失灵或协调效率低下，但没有对整链的协调运行产生影响时，整链仍然处于协调运行状态。另外，当链中某些节点受到外界环境的突然干扰致使整链在某一瞬间协调失灵时，在某些核心节点的带动下整链迅速恢复至协调运行状态，则从整体来看，在某一阶段整个数字图书馆生态链仍处于协调运行状态。其次，每一条数字图书馆生态链都处于不断地发展变化过程中，其协调运行状态的表现形式有所差异，主要体现在链中节点间的信息交流方式、节点间的资源共享程度、节点间的素质能力的匹配程度等方面。例如，在数字图书馆生态链形成的初期，图书馆向下游用户提供数字信息服务的方式比较单一，流程也较为烦琐，馆际互借的程序比较复杂，但随着链中节点功能逐渐完善，能力逐渐提升，节点间合作方式的逐渐多元化，文献传递服务应运而生，在某些情况下，电子资源的互借取代了传统的馆际互借服务，很大程度地提高了数字图书馆的服务效率，显示数字图书馆生态链由低层次的协调运行向高层次的协调运行转变或演进。

（2）数字图书馆生态链协调运行的动态性

动态性是指为了保证协调工作的有效开展、整链的稳定运行，链中各节点的规模、功能及节点间的相互合作关系是处于不断地动态变化过程中，同时随着链的发展，整个链的协调运行状态也处于动态的变化中。数字图书馆协调运行并不是指链中节点为了实现协调运行而保持同一协作方式。随着链不断发展，链中节点的能力素质、用户的需求以及链外的信息技术环境、制度环境等都在无时无刻不产生变化。为了更好地满足用户需求，更好地适应其他节点及外界环境的变化，链中节点的协作方式、节点功能、节点类型与规模等也都要发生不同程度的变化。此外，链中各节点及链中其他各因素的不断发展变化也是数字图书馆生态链协调运行的状态及协调运行效果产生变化的原因。这些变化是推动数字图书馆生态链向更高层次的协调运行发展演进的动力。

（3）数字图书馆生态链协调运行的多样性

数字图书馆生态链协调运行的多样性是指对于不同规模、不同类型的数字图书馆生态链而言，其协调运行的状态的表现形式不同。本研究对数字图书馆的定义是传统线下图书馆在提供数字信息资源服务时，与信息内容提供商及信息用户形成的机构或建立的服务关系。从这个角度可将数字图书馆生态链分为不同的规模类型，例如以单位图书资料室为核心形成的数字图书馆生态链，以乡镇图书资料室、县级图书馆、市级图书馆、省级图书馆等为核心节点的数字图书馆生态链。以上各类数字图书馆生态链中节点类型、节点规模、节点功能及节点间的相互协作方式均有很大的差异。因此，各类数字图书馆生态链协调运行的表现形式是多样的、有差异的，较难用同一量化标准进行比较。从数字图书馆的类型来看，各馆的服务群体性质有着本质上的差异，如公共馆主要面向各层次的公共群体开展服务，高校馆主要面向高校师生开展服务，服务对象的不同以及信息用户需求的差异使得链中各因素的协调方式有所不同。

3.2 数字图书馆生态链协调运行标志的确定方法

近年来信息生态学已成为图书情报与档案学科、信息学科、管理学科的一个重要研究方向。信息生态链是信息生态系统的重要构成部分，强调从信息主体间相互联系、相互影响的链的视角去探讨问题。目前有很多专家学者借鉴信息生态的相关理论，尤其是信息生态链理论，对数字图书馆的相关问题进行探讨。学者们的研究主要集中在以下几个方面：结合信息生态的视角，对数字图书馆的功能、服务、健康等的评价、优化进行探讨[①];对数字图书馆生态系统的动态平衡进行分析[②③];从信息生态位的视角,对数字图书馆的资源建设进行评价[④];对数字图书馆生态链的结构要素和结构模型进行分析[⑤]。数字图书馆生态链的研究是一个专业性很强的学术问题,然鲜少有专家学者从信息生态的视角对数字图书馆的协调运行进行研究。数字图书馆生态链协调运行不仅具有很强的学术性,在实践领域也具有较高的应用研究价值。数字图书馆生态链协调运行的本质是链中各要素为了实现高效的信息流转,满足下游信息用户的需求而开展的协作、合作活动。对数字图书馆生态链协调运行表现进行了解,有助于对链的协调运行进行有效管理,并提升链的信息流转效率。如何运用合适的研究方法,结合理论研究基础与实际情况对数字图书馆生态链协调运行的表现进行分析是本研究的重点内容。

3.2.1 个人访谈

数字图书馆生态链协调运行涉及信息生产者、传递者及信息用户等多个不同信息主体。整链的协调运行与每一类信息主体的信息素质和信息行为紧密相关。而作为链中的核心节点数字图书馆对整链协调运行的发展方向、运行效果等有较强的决定、主导及控制作用。不论是信息生产者、信息传递者还是相关领域的专家

---

① 薛卫双.高校数字图书馆信息生态系统健康评价研究[J].情报科学,2014,32(5):97-101.
② 王瑶,金明生.基于信息生态系统的数字图书馆运行机制优化及动态平衡控制[J].情报杂志,2012,31(2):153-156.
③ 刘洵.数字图书馆信息生态系统平衡调控机制研究[J].内蒙古科技与经济,2013(20):158-160.
④ 赵玉冬.信息生态位视角下数字图书馆的优化与发展[J].图书馆工作与研究,2013(2):9-12.
⑤ 程彩虹,陈燕方,毕达宇.数字图书馆信息生态链结构要素及结构模型[J].情报科学,2013,31(8):15-18.

学者都同时充当着数字图书馆信息用户的角色。因此,为了对数字图书馆生态链协调运行的表现进行充分的了解,笔者对数字图书馆运行主体、数字图书馆用户及相关领域的专家学者等多类信息主体均进行了个人访谈。个人访谈是指访问者针对某些具体问题与被访问者进行一对一的直接交流,从而获取被访者观点的一种社会调查研究方法,是对用户信息需求和信息行为进行了解和分析的重要方法。在对面的访谈交流过程中,访问者可以通过观察被访者的语言、表情等了解某些现象的真实动机与含义。此外,通过交流,有可能触发访问者的灵感,寻找到更加合理的解决方案。

(1) 选择访谈对象

合理选择访谈对象是成功开展研究的重要开端。访谈对象是指在数字图书馆生态链中充当不同角色的信息主体,也即从不同视角对数字图书馆生态链协调运行有不同认识的人。我们从访谈对象的性别、年龄、使用数字图书馆的经验以及在数字图书馆生态链中充当的角色等方面来综合选择被访谈者,每种类型的访谈者均占一定的比例,最终,笔者有针对性地选取了20位访谈者。根据被访者的工作性质和沟通的便利性,本次访谈采用了面对面、电话、QQ及微信等多种交流方式,其中有5位信息生态学方向的专家学者或博士研究生,8位数字图书馆数字资源相关部门的工作人员以及7位经常使用数字图书馆的信息用户。在该阶段,笔者以开放式的交流和沟通为主,旨在明晰访谈对象对数字图书馆生态链协调运行的认识,以及对协调运行表现和影响因素的看法。

(2) 访谈提纲

依据本研究的需要,笔者拟定了个人访谈提纲(见附录Ⅰ)。访谈提纲由三个部分组成:第一部分,简要说明本次访谈的目的、用途、方式以及预计花费的时间等;第二部分主要是被访者的基本信息,如被访者的性别、年龄及职业等;第三部分主要是数字图书馆生态链协调运行表现问题。询问被访者对数字图书馆生态链协调运行表现的认识,即他们认为数字图书馆生态链协调运行表现应该从哪些方面去考虑,有哪些具体的表现形式。

(3) 访谈流程

笔者首先与被访者采用预约的方式进行前期沟通,确定访谈的具体方法。为了节约时间,笔者对通过 QQ 或者微信访谈的被访者均采用语音电话或者视频的方式。访谈开始前,笔者就被访者的个人信息安全问题进行承诺,并愿意负相应的法律责任,希望对访谈内容进行录音,便于笔者对访谈内容进行整理。在征得被访者同意的基础上,访谈方可进行。在访谈过程中,对于不太明白或理解上产生了歧义的问题,被问者均采用统一口径进行解释①。笔者严格按照访谈提纲顺序提问,并做好记录,及时对访谈录音进行整理。

(4) 访谈资料统计

本次个人访谈共预约了 27 名被访者,最终成功访谈了 20 名,被访谈者年龄在 18—65 岁,其中女性居多,占 70%。受访者的学历层次较丰富,从无学历到博士研究生。访谈对象的基本情况如表 3.1 所示。

表 3.1 访谈对象的基本信息

分类		人数(人)	占比(%)
性别	男	6	30
	女	14	70
年龄(岁)	20 及以下	3	15
	21—30	10	50
	31—40	3	15
	41—50	2	10
	50 及以上	2	10

---

① 李景山.社会科学研究方法[M].哈尔滨:哈尔滨工程大学出版社,2011:181.

(续表)

分类		人数(人)	占比(%)
职业	专家学者或博士生	5	25
	数字图书馆工作人员	5	25
	数字图书馆信息用户	7	35
	数据库供应商	2	10
	出版社工作人员	1	5
学历	专科及以下	4	20
	本科	3	6
	硕士	7	21
	博士	6	40
平均每天使用数字图书馆的时间(小时)	1及以下	11	55
	1—3	6	30
	3—5	3	15
	5及以上	0	0
经常浏览和使用的数字信息资源	期刊文献	12	60
	学位论文	7	35
	音视频数据库	8	40
	图片数据库	3	15
	其他	6	30

(5) 访谈结果分析

访谈结束后,笔者结合笔记,对照录音,对每位被访者的问题回答进行了整理、归纳与总结。在访谈过程中,被访者对数字图书馆生态链协调运行的表现回答了两个问题:对数字图书馆生态链协调运行问题的认识;数字图书馆生态链协调运行的表现有哪几个方面。数字图书馆生态链协调运行问题的访谈举例如表3.2所示。

表 3.2 数字图书馆生态链协调运行问题的访谈举例

被访者	回答内容	观点关键词提炼
LBL	"协调"强调协作、友好、同步,是不同对象间相处友好的体现。从信息生态理论应用研究的相关文献来看,数字图书馆生态链协调运行可从链内主体间的关系以及整链运行的效率两个方面进行考虑。具体包括主体间相处友好、主体间不存在过度竞争、链中信息流转功能良好、信息流转效率较高等	信息主体关系友好;信息流转功能强、效率高
ZS	我每天都使用数字图书馆查阅文献,我理解的"数字图书馆生态链协调"是指数字图书馆能采用多种途径与其他数字图书馆建立良好的合作关系。例如,合作共建数据库、合作购买各类数字资源、馆藏数字资源共享等。另外还表现为数字图书馆各部门间团结协作,工作效率高	数字图书馆内部协作良好;数字图书馆与其他数字图书馆有合作关系
MMX	数字图书馆的最终目的是更好地为信息用户服务。用户信息服务需求的满足程度是数字图书馆生态链协调运行的衡量标准。当大部分信息用户的信息需求都得到满足时,说明数字图书馆生态链的协调运行效果很好	信息用户需求满足
ZF	数字图书馆生态链中的各类主体都有不同的目标和价值追求。例如,数据库服务商期望盈利,数字图书馆期望得到信息用户的认可,信息用户期望得到更好的服务。当各类主体的价值追求和利益需求都得到满足时,他们之间的矛盾减少,关系和谐,链的协调运行效果更好	主体间矛盾少,利益得到满足,关系和谐

(续表)

被访者	回答内容	观点关键词提炼
YL	数字图书馆运行中的各类主体间存在多种关系,有合作关系、竞争关系,还有既竞争又合作的关系。因此,当各类主体间以竞争关系为主,且存在多种不合理的竞争时,链的协调运行肯定受到影响	主体间不合理竞争,影响链的协调运行
HN	作为图书馆工作人员,我觉得数字图书馆协调运行与否主要取决于图书馆的信息化水平和馆员的素质。协调运行的主要表现就是各个部门既能各司其职又能高效合作,共同提高数字图书馆的服务效率	既分工又协作;信息化水平高;馆员素质高

从表3.2可知,被访者由于职业和岗位的差异,对数字图书馆生态链协调运行问题的认识有不同的视角、不同的观点。比较有代表性的专家学者们更多地从对相关研究文献归纳总结的基础上提炼出相应观点,他们对信息生态链理论有更全面和深刻的理解,能从链的角度分析在协调运行情况下不同主体的特征和状态;数字图书馆的信息用户更注重自身信息需求的满足程度,认为自身信息需求得到更大的满足意味着数字图书馆生态链协调运行效率良好;而作为数字图书馆的工作人员则更多地从工作实际出发,认为馆内各部门间分工明确、相互协作才是整链协调运行的表现。但不论链中哪类信息主体都是围绕数字图书馆生态链协调运行展开讨论的,虽然对某些现象的表述不同,但从根本上说的都是同一个问题。

(6) 访谈结论

通过对20位被访者深入访谈的结果的分析,笔者对被访者提到的数字图书馆生态链协调运行的主要表现进行了归纳和总结,如表3.3所示。

表3.3 数字图书馆生态链协调运行表现的个人访谈表

主要观点	解释说明	具体表现
各主体利益需求满足	链中各类信息主体的利益需求既是链协调运行的动力,也是表现。当数字信息生产者、数字图书馆及数字信息用户三类主体需要的各种利益类型(经济利益、形象利益等)和利益数量得到较好满足时,表明整链协调运行的效果良好。如果各主体的利益需求没有得到很好的满足,链不仅失去运行的动力,还可能导致主体间矛盾加剧,影响整链协调运行	利益类型满足
		利益数量满足
用户信息需求满足	数字图书馆生态链信息流转的最根本目的是满足信息用户的需求。如果用户需求的信息类型、信息数量及信息质量均能得到较好的满足,表明整链协调运行良好。用户也会继续入链,也利于整链持续稳定地协调运行	满足用户信息需求的种类
		满足用户信息需求的数量
		信息质量能够满足用户需求
信息主体关系友好	各类主体间关系融洽、和谐共存,没有较大的矛盾或冲突	主体间没有矛盾和冲突
		主体间不存在不合理竞争
信息主体间合作友好	信息主体间能通过多种合作方式(资源共建、资源共享、联合采购)建立合作关系,促进整链的信息流转	主体间有多种合作形式
信息生态链流转效率高	指数字图书馆生态链中信息流转的速度快、质量高,且功能较强	链中信息流转速度快
		链中信息流转质量高
		链中信息流转功能强

3.2.2 专家调查

为了对数字图书馆生态链协调运行的表现进行全面细致的分析,本书在个人访谈的基础上再请专家对数字图书馆生态链协调运行的表现进行分析。运用专家调查法的主要优点是充分利用专家的智慧、经验对其所熟悉的领域进行科学判断,得出的结论具有较强的权威性;在第一时间获得专家意见并对结论进行及时修正,具有较高的效率。本研究选取专家调查法的原因主要有以下几点:首先,开展数字图书馆生态链协调运行研究的专业性较强,只有数字图书馆专业的水平达到一定程度才能理解数字图书馆生态链协调运行标准并进行判断。数字图书馆生态链协调运行标准涉及信息生态学的相关理论知识,因此,本研究选择的专家必须具有一定的信息生态学理论基础与相关研究经验。其次,本研究在对所选专家进行访谈时结合了个人访谈的观点,通过专家访谈,可以进一步确定数字图书馆生态链协调运行的标准。

(1) 选择访谈对象

本研究在个人访谈的基础上运用专家调查法邀请了信息生态、数字图书馆、信息管理学等方面的 20 位专家学者对数字图书馆生态链协调运行的表现做进一步访谈。具体访谈对象为某高校信息管理学院教授 4 名、高校图书馆馆长 5 名、高校数字图书馆技术专家 6 名、图书出版发行专家 2 名、数字图书供应商市场部经理 3 名。

(2) 专家调查提纲

我们将由个人访谈得到的数字图书馆生态链协调运行表现表(表3.3)直接发放给各位专家,并让专家们对以上观点提出修改意见。

(3) 专家调查步骤

第一步,发放问卷。按照本书对数字图书馆生态链协调运行表现形式进行个人访谈的相关流程,笔者预约了被访谈的专家,说明本次调查的目的、作用等,在征得对方同意的基础上,向专家发放了调查问卷。调查问卷的形式有纸本和电子两种。

第二步,回收初次问卷。共回收了有效的初次问卷 19 份,通过对问卷的整理及归纳总结,调整了问卷。

第三步,发放二次调查问卷。回收有效的二次调查问卷共 18 份,并对各专家针对数字图书馆生态链协调运行表现的打分进行了统计。对各标准的重要性进行了排序。具体做法是:首先将数字图书馆生态链协调运行的标准作为一级指标,对一级指标的重要性分为五个等级,即"十分重要、重要、一般重要、中等及不重要",每个等级对应的分数分别为 5 分、4 分、3 分、2 分、1 分,对重要性进行排序。我们认为排在最后两位的重要性较低。

第四步,结果分析。专家们经过讨论对表 3.3 中的标志进行了剔除和修改,同时添加了一些新的标志。具体有以下几个方面:专家们认为信息主体的利益需求是否得到满足是数字图书馆生态链协调运行的影响因素,而不是协调运行的标志;信息主体间合作友好主要反映的是主体间存在竞争、合作但不存在无序竞争的现象,因此可将这个标志改成信息主体间不存在无序竞争和信息主体间分工协作合理两个标志;信息生态链流转效率高是数字图书馆生态链协调运行的结果和最终目的,而不是数字图书馆生态链协调运行的标志。最终,数字图书馆生态链协调运行表现因素的重要性得分表如表 3.4 所示。

表 3.4 数字图书馆生态链协调运行表现因素的重要性得分

协调运行表现	具体指标	指标解释	重要性得分
节点间信息供求匹配	信息流转类型供求匹配	用户需要的信息类型与上游节点提供的信息类型吻合	4.2
	信息形式供求匹配	上游节点提供的信息形式能满足下游用户的使用需求	4.5

(续表)

协调运行表现	具体指标	指标解释	重要性得分
节点间信息供求匹配	信息质量供求匹配	信息质量能满足用户的需求	4.7
链中不存在无序竞争	不存在过度的资源竞争	节点间不存在过度的资源竞争	4.3
	不存在不正当的收益竞争	节点间不存在不正当的收益竞争	4.0
	不存在不合理的客户竞争	节点间不存在不合理的客户竞争	3.9
各节点主体分工协作合理	分工合理	节点间分工合理	4.1
	分工明确	节点间分工明确	3.9
	合作友好	节点间合作友好	3.2
	合作高效	节点间合作高效	4.2
链中信息主体关系和谐	关系平等	节点间关系平等	3.8
	关系密切	节点间关系密切	4.1
	关系稳定	节点间关系稳定	4.5

由表3.4可见,各表现因子的得分均高于3分,而排在重要性前三名的可以作为反映数字图书馆生态链协调运行的表现因子。

3.3 数字图书馆生态链协调运行标志分析

由以上分析可知,数字图书馆生态链协调运行的主要表现为节点间信息供求匹配、链中不存在无序竞争、各节点主体分工协作合理、链中信息主体关系和谐。以下将对这四个标志进行详细解读。

3.3.1 数字图书馆生态链中节点间信息供求匹配

(1) 信息流转类型供求匹配

数字图书馆生态链的本质是为了实现数字信息资源从上游信息生产者手中顺利流到信息用户,并达到信息用户的使用要求。下游节点信息用户的信息需求能否得到较好的满足是衡量数字图书馆生态链是否能协调运行以及协调运行效果的重要表现。信息流转类型供求匹配主要表现为数字图书馆提供的数字信息资源覆盖面广、内容丰富,能满足多类用户的不同信息需求。其中信息资源覆盖面广是指数字信息资源内容包含的范畴比较广泛。例如,公共数字图书馆中除了有专业学习方面的数字资源外,更多的是与社会生活紧密相关的内容。高校数字图书馆中的信息内容涉及自然科学、社会科学等各个学科领域。信息资源内容丰富是指信息内容的来源渠道广泛、权威可靠。例如有的数字图书馆既拥有购买的各类数据库,也有自建的数据库等,包括专门数据库或特色数据库,更能满足特定用户的信息需求。如 CNKI 数据库收集的信息分类科学,内容较全面,成为信息用户进行资料查询的首选数据库。

当链中提供的数字信息资源内容与信息用户的需求范围不匹配时,信息用户无法从该数字图书馆获得自身需要的信息,需求无法得到满足,链中的信息流转就无法正常进行,整链将会断裂或瘫痪,数字图书馆生态链的协调运行将受到影响。

(2) 信息形式供求匹配

由于不同用户的信息需求或信息获取习惯不同,因此形式多样的数字信息才能更大范围地满足不同用户的信息需求,也即信息形式供求匹配是指多样化的数字信息载体能满足多样化的信息用户的信息使用形式。从文献的载体来分,可以分为普通图书、期刊、报纸、学位论文、会议记录、报告、标准、专利、数据库、计算机程序、电子公告、磁带(magnetic tape)、磁盘(disk)、光盘(CD-ROM)、联机网络等。例如,高校数字图书馆除了提供各种联机网络信息资源供信息用户自行下载外,还提供磁带(magnetic tape)、磁盘(disk)、光盘(CD-ROM)等信息资源供信息用户使用。信息用户可以通过不同的工具来获取数字信息,既可以通过计算机阅读数字资源,也可以利用便携式电子产品,如手机、IPAD等进行阅读。信息用户既可以在数字图书馆的IP地址内获取所需的信息资源,也可以远程获取。信息形式供求匹配,可以大大提高数字图书馆生态链的信息流转效率。

(3) 信息质量供求匹配

与数字信息资源的类型和形式相比,数字信息资源的质量更为重要。信息质量是由信息形式质量和信息内容质量共同构成的,是决定信息效用的关键。数字信息资源的质量供求匹配是指数字信息内容具有权威性、真实性、准确性,不仅满足用户的需求,而且能帮助信息用户解决实际问题或者获得知识的增长。数字信息内容的权威性是指信息内容的来源权威。在数字图书馆生态链中主要表现在数据库服务商的资质、信誉度及影响力等方面,这也是数字图书馆在选择合作的数据库服务商时必须考察的内容。数字信息内容的真实性是指信息内容是真实的,不是虚假杜撰的。虚假的数字信息不仅不能满足用户的信息需求,还可能给信息用户带来错误的引导,甚至危害信息用户的生命财产安全。数字信息内容的准确性是指信息内容表述明确、详细,不存在歧义。

3.3.2 数字图书馆生态链中不存在无序竞争

数字图书馆生态链协调运行中的无序竞争是指链中某些节点非理性、盲目地展开竞争,造成链断裂、链瘫痪或链运行紊乱等,使得链的协调运行受到影响的现象。数字图书馆生态链中无无序竞争主要包括以下几种情况。

(1) 不存在过度的资源竞争

资源的过度竞争主要体现在数字信息生产者间对数字信息内容的数量、质量的无序竞争以及链中信息用户间对信息资源获取的过度竞争。

在数字图书馆生态链中,数字信息内容主要以各类数据库、在线网络资源等形式存在。信息生产者对数字产品的要求是高质量、高权威和内容全面。一方面,一旦某个信息生产者过度垄断这种资源,就可能以不合理的高价销售资源,给数字图书馆选购数据库造成资金上的困难。另一方面,如果相同的信息资源被不同类型的数据库重复收集,也会造成资源的浪费,更不利于用户对数字信息资源的检索与获取。有的数据库商为了降低生产成本,采用盗版的方式来制作信息产品,这样会侵犯信息作者的权益,这也是数字信息生产者间无序竞争的表现形式之一。

链中信息用户间的无序竞争主要表现为用户对信息资源使用权限的竞争。虽然数字信息具有可复制性和非消耗性,但受网络条件的影响,各数据库均设定有一定的用户并发数权限,按照先到先得的原则获得。在某一时刻,当服务器的并发用户数达到最大限量时,信息用户获取资源的速度就会受到影响,甚至无法获取资源。信息用户间的这种无序的资源竞争虽然是被动的,但是在数字图书馆生态链协调运行过程中十分常见。另外,在网络信息生态链中,所有节点间均存在关于网络带宽的竞争。网络带宽的强弱直接影响数字资源的流转速度。然而目前网络带宽尚不能满足链上各节点的需求,在网络带宽稀缺的时候,会造成节点对网络带宽的无序竞争。

(2) 不存在不正当的收益竞争

数字图书馆生态链中的收益竞争主要表现为链中主体间因经济利益分配产生的竞争。具体表现为数据库服务商与数字图书馆间的价格竞争、数字图书馆各部门间的经济利益竞争两个方面。

对于数字图书馆而言,数据库的购买费用占图书馆运行经费的大部分。为了节约经济成本,图书馆在购买数据库时会就数据库购买价格与数据库服务商进行博弈,这个过程就是一种收益竞争。由于职责与分工不同,数字图书馆各部门在运行过程中获得的经济利益也有所差异,各部门间也会由于经济利益分配不均而产生不正当的竞争。

如果产生不正当的收益竞争,就有可能出现博弈胜者一方掌握完全的话语权。如有的数据库商会单方面提高数据库的价格或者采用捆绑销售的策略,导致增加了数字图书馆的经济负担,一旦数字图书馆的经济链发生危机,就难以连续购买,最终造成断链。数字图书馆各部门由于经济利益不均产生不正当的竞争,会造成对有经济利益的活动抢着干,无直接经济利益的活动无人干的局面,致使部门之间的分工协作出现裂缝,影响数字图书馆生态链的信息流转。

(3) 不存在不合理的客户竞争

数字图书馆生态链中不合理的客户竞争主要表现为信息生产者为了与更多的数字图书馆建立合作关系,获得更多的经济利益,而采取的恶意竞争行为,造成各数据库服务商既要保障自身的经济利益,又要防止竞争对手的恶意竞争行为。

当产品出现同质化时,很多生产者会用降低价格的方式来竞争客户,有时候甚至不惜用低于成本的价格来吸引客户。这种低价竞争的方式必然会使同行之间产生激烈竞争,而在低级竞争的环境中,生产者为降低成本,常常在质量上降低标准。一旦这种无序竞争现象加剧,将会直接影响信息生产者的生存和发展,从而影响数字图书馆生态链的协调运行。

3.3.3 数字图书馆生态链中各节点主体分工协作合理

数字图书馆生态链中各节点主体分工协作合理是指链中的各

节点间分工合理、分工明确、合作友好,达到合作高效的效果。

(1) 分工合理

数字图书馆生态链主要包括数字信息生产者、数字信息传递者及数字信息用户三类节点主体。在链运行过程中,每类节点主体承担的主要职能有一定差异。数字信息生产者是链中的上游节点,主要承担生产、组织及提供数字信息资源的功能。在数字图书馆生态链中,数字信息生产者以数据库服务商为主。数字图书馆是链中核心节点,担任数字信息传递者的角色,主要承担资源收集、整合、存储及发布等功能,其中最重要的是向下游信息用户提供数字信息资源。数字信息用户是数字图书馆的信息服务对象,主要承担信息获取、吸收及利用等功能。在数字图书馆生态链中,这三类主体分别处于不同的节点位置。只有当各类信息主体各司其职,充分发挥自身的功能时,才能保证链中数字信息的高效流转。

(2) 分工明确

链中节点的分工不同不仅表现在上下游不同级节点间,同级节点中不同的信息主体分工也有一定差异。链中同级节点不同类的信息主体的数量越多,意味着这一层节点的分工越细致,各个信息主体衔接越紧密,数字图书馆生态链的宽度越宽。例如,链中核心节点数字图书馆中包括数字资源建设部、信息技术部、参考咨询部等,这几个部门均属于核心节点,但是分工不同。其中,数字资源建设部负责数字图书馆的数字资源规划、购买及自建数据库的相关工作。信息技术部主要为数字图书馆提供技术支持,具体负责各类服务器及应用系统管理、网站维护及数据备份等工作。参考咨询部主要为用户提供数字信息服务指南、相关信息咨询。参考咨询部的工作人员必须在一定的信息技术支持和充分了解馆藏信息的前提条件下,才能有针对性地开展相关工作。在数字图书馆生态链中,各类节点分工不同、各司其职的前提是链中各类节点的信息生态位没有过多的重叠且互补,掌握和拥有不同的资源,这样才能很好地补充其他节点的缺陷和不足,避免链中节点间出现无序竞争的情况,促使整链协调运行。如果链中节点间的分工不明确,则各类节点无法很好地行使相应的职能,致使节点间分工紊乱,出现无序竞争,造成资源浪费,从而降低整链协调运行的效率。

(3) 合作友好

节点间合作友好也是整链协调运行的表现之一。如果各节点只是完成各自的工作,没有很好地进行交流、沟通、合作,整链的信息流转效率也不会很高。因为在很多时刻,各节点仅仅依靠自身的努力无法很好地完成相应的工作,此时必须借助其他节点的帮助,通过与其他节点建立一定的合作关系来更好地完成自己的工作,促进整链共同发展。

(4) 合作高效

节点间合作高效包括两个层面的意思。

一是节点选择合适的对象进行协作。在选择合作对象时需保证能从对方处获得自身需要的各类资源,且自己也能为对方提供一定的服务。例如,数字图书馆在选择上游节点数据库服务商时,既要考察数据库服务商提供的数据库内容是否能满足自身的需求,又要考察数据库服务商提供的价格是否合理。同样,数据库服务商一定会选择能最大限度满足自身经济利益的数字图书馆进行合作。

二是节点间选择合适的方式相互协作。节点间协作方式适宜是节点间合作高效的保证之一。协作方式合适是指节点间以双方相互适应且可以实现的方式进行协作。例如,在数字图书馆生态链运行过程中,核心节点数字图书馆为了更好地扩充信息资源储存量,更好地为用户提供服务,经常与数字图书馆联盟中的其他数字图书馆建立协作关系,常见的主要有联合采购、协作咨询服务、联合目录构建、文献传递服务等。数字图书馆与链外节点协作的根本目的是提高链中数字信息流转效率,为下游信息用户提供更好的信息服务,促进整链的协调运行。在不同的情境中,数字图书馆可选择不同的方式与链外节点进行协作,协作的结果能弥补数字图书馆自身的不足,或为整链运行带来更大的效益。除了与链外节点的协作,数字图书馆生态链中的协作还表现为链中同级节点间的协作以及链中上下游节点间的协作。需要指出的是,链中节点间的各类合作的主要目的是为了更好地保障整链的协调运行。即在整链协调运行过程中,节点间的这些合作不是必须存在的,但在适当的时候运用合理的方式进行合作能促进整链的发展,提升整链的协调运行效率。

3.3.4　数字图书馆生态链中主体关系和谐

数字图书馆生态链中主体关系和谐是指各类主体能够在为实现某一共同目标的过程中合理竞争、有效合作、彼此认同、遵循同一规则,建立良好的协作关系。链中主体关系和谐是整链有条不紊、协调运行的前提和保障。数字图书馆生态链上的任何协调活动都需要各节点间通过协商与合作共同完成,若主体间关系不和谐,则可能出现链的功能紊乱、信息流转效率低下,从而难以保证整链协调运行正常进行。数字图书馆生态链中主体关系和谐主要表现在链中主体关系平等、链中主体关系密切以及链中主体关系稳定三个方面。

(1) 关系平等

数字图书馆生态链中各信息主体关系平等是指链中各主体间能够以合适的、相互适应的方式建立相互联系的关系。数字图书馆按照服务内容可以分为阅读推广服务、阅读订阅服务、文献传递服务、馆际互借服务等。按照服务内容的范围可分为综合性服务、定题跟踪服务、学科馆员定向服务、科技查新服务等。按照信息用户的需求特征可以分为一般性服务和个性化推送服务等。无论针对哪类信息用户,数字图书馆都要按照规定的标准和要求提供相应的服务，不能区别对待。在大数据环境下，信息用户获取资源的路径变得有迹可循，数字图书馆应充分运用数据分析与数据挖掘技术捕获用户在某一阶段的信息需求，主动地有针对性地提供服务。此外，不同用户的信息获取习惯与对信息技术的接受能力也有一定的差异。数字图书馆应针对不同的用户采用用户熟悉的、可接受的方式提供服务，从而保证下游信息用户能有效获取信息。链中各节点无时无刻不在以一定的方式进行沟通、交流以及资源的传递，只有当某种沟通交流方式及信息传递方式被上下游节点同时接受和认同时，节点间的信息流转才能有效进行。

(2) 关系密切

数字图书馆生态链中节点关系密切是指节点间有频繁地交流、合作及信息流转①。数字图书馆生态链形成的初级阶段，链中节点间有相互联系，并且链中有一定的信息流转，但信息流转的频率不一定很高，节点间偶然建立起来的松散的合作关系具有不稳定性，因此，数字图书馆生态链形成的初级阶段运行并不十分协调。在数字图书馆生态链中节点关系密切主要表现在以下几个方面。一是，在不同的时刻都有信息用户陆续从数字图书馆获取数字信息资源，这个可以通过对一段时间内数字图书馆的用户访问量、数字资源下载量查询得到。二是，数据库服务商按照数字图书馆的要求保证数字信息的持续更新。三是，数据库服务商经常举办某些活动与数字图书馆间建立联系。

节点间关系的亲密性还表现为链中下游节点对上游节点的依赖性强。下游节点对链中上游节点的依赖性越强，节点间的联系越紧密，关系越密切。同时，节点间的依赖程度越强，表明节点间的信息供需吻合程度越高。

---

① 娄策群，江彦，韩艳芳.网络信息生态链形成的主要标志与发育过程[J].情报理论与实践，2015,38(6):1-5.

（3）关系稳定

关系稳定是指在较长的一段时间内关系变化不大，以及能应对外界突变并能迅速调整回最佳状态。数字图书馆生态链节点关系稳定主要表现在两个方面。一是，在一段时间内链中各主体间能够维持相对稳定的合作关系，上游节点能够为下游节点提供稳定的服务，各节点间协作良好，使得整链正常稳定地运行。二是，在外界环境突变导致数字图书馆生态链协调失灵时，链中节点能迅速调整关系并恢复到最佳协调状态。

数字图书馆生态链中各主体间稳定的合作关系主要表现在以下两个方面。一是，数字图书馆生态链中构成主体稳定是链的功能正常发挥的保障。具体体现在核心节点数字图书馆部门构建、工作人员构成的稳定性，与数字图书馆合作的数据库服务商的稳定性，获取数字图书馆服务内容的下游信息用户构成的稳定性等。链中主体构成稳定是相对而言的，强调某一段时间内的一种状态，而不是绝对不变的。随着数字图书馆生态链的演进和发展，链中各类主体的构成及其相互关系肯定会发生一定程度的变化。数字图书馆是链中的核心节点，主要承担数字信息传递的功能，图书馆的部门构建、分工、工作人员的业务熟练程度与链中信息流转的效率、核心节点与上下游节点的协作情况紧密相关。数字图书馆的部门构成、人员分工变化意味着核心节点的稳定性发生变化，新的核心节点必须重新建立起与上下游节点间新的合作关系。在新的合作关系的初始阶段，核心节点对上下游节点的需求以及与之合作的方式都处于摸索阶段，使得链中各节点的协作效率降低。二是，链中流转的信息资源稳定。在一条数字图书馆生态链中，信息用户的需求具有一定的稳定性。因此，保证链中流转的信息资源内容的稳定性在一定层面能更好地保障信息用户需求的满足以及维护各主体间的稳定协作。对于信息用户而言，随着时间的推移，其对信息内容的依赖性逐渐增强，当上游节点提供的信息内容发生变化时，需求满意度可能受到影响，从而影响节点间的协调活动。例如，在高校数字图书馆生态链中，CNKI期刊数据库是高校师生获取专业领域学术文献的重要来源，近年来其用户数也在逐渐增多，大部分高校图书馆都与CNKI数据库服务商建立了长期、稳定的合作关系。在这种环境下，如果高校图书馆终止对CNKI数据库的购买，大部分用户将无法适应，用户需求将无法得到很好的满足，高校数字图书馆生态链的协调运行活动将受到影响。

在数字图书馆协调运行失灵或失调的情况下，整链能够在较短的时间内重新恢复至协调运行的状态，也是链中节点关系稳定的一种体现。数字图书馆生态链稳定关系的恢复能力既与链的结构有关，又与链中节点的自组织能力有关[①]。

3.4　本章小结

在本章中，笔者在相关研究的基础上结合数字图书馆运行的实际情况，对数字图书馆生态链协调运行的机理进行了深入探讨。首先，对数字图书馆生态链协调运行的概念和特征进行了分析，指出数字图书馆生态链协调运行是链中各节点间及链中节点与链外节点间相互协作、合作的结果，其根本目的是更高效地完成链中信息的流转；链的协调运行具有相对性、动态性及多样性特征。其次，综合运用个人访谈法和专家调查法对数字图书馆生态链协调运行的标志进行了确定，主要包括链中节点间信息供求匹配、链中不存在无序竞争、链中各类主体分工协作合理以及链中主体关系和谐四种表现形式。

---

① 毕达宇.电子商务信息生态链平衡机理研究[D].武汉：华中师范大学，2015：45-49.

第四章 数字图书馆生态链协调运行影响因素及作用机制

探讨影响数字图书馆生态链协调运行的因素,是数字图书馆生态链协调运行研究的重要内容。本章探讨运用结构方程分析的方法,结合第二章对数字图书馆生态链协调运行标志的认定,构建了数字图书馆生态链协调运行影响因素模型,对影响因素的变量关系与研究假设进行分析与验证,并对各影响因素的作用机制进行分析。

4.1 数字图书馆生态链协调运行影响因素模型构建

4.1.1 研究方法

(1) 结构方程

结构方程是一种验证某一理论模型或假设模型适切性的统计技术,其假设因果模型必须建立在一定的理论基础上,因而它是建立在多元统计技术上的一种验证假设的方法。结构方程分析主要用于验证在假设某一个或多个自变量与其他一个或多个因变量之间存在一定关系的基础上,判断假设是否成立。其主要功能是通过假设关系建立研究模型,该研究模型能够十分直观地反映可观测变量与潜在变量之间的关系。

(2)选择结构方程的意义

使用结构方程模型不仅能够分析多个因变量之间的关系,而且可以分析因变量与自变量之间的关系。数字图书馆生态链协调运行有四种主要的表现形式,即节点间的信息供需匹配、节点间不存在无序竞争、节点间分工协作合理、节点间关系和谐,这也就是四个因变量,而链的协调运行是这几个量的综合体现,不能单独从某个量去判断整链的协调运行情况。这四个因变量之间存在一定的相互作用关系,这也是本研究需要探讨的内容所在。

4.1.2 数字图书馆生态链协调运行影响因素模型构建

在网络信息生态链及数字图书馆等相关研究的基础上,本书提出数字图书馆生态链协调运行的影响因素主要有链的结构、链的自组织能力、链中利益分配以及网络信息环境四个方面。结合第三章中提到的数字图书馆生态链协调运行的四个标准,本书提取出这八个变量,并认为各类影响因素均对数字图书馆生态链协调运行产生影响。数字图书馆生态链协调运行影响因素模型构建如图 4.1 所示。

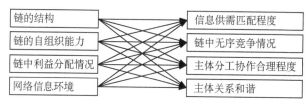

图 4.1 数字图书馆生态链协调运行影响因素模型

4.1.3 变量关系与研究假设

(1)链的结构与数字图书馆生态链协调运行的关系

链的结构是指构成链的节点类型、数量及各构成节点间的相互关系。链的结构决定链的规模、构成,对节点间的相互作用方式及链的运行方式有重要影响。娄策群等认为链中节点的长度影响链中信息供需关系:信息生产者节点的链越长,说明生产者节点分工越细,提供的产品越多样化;信息消费者节点的链越长,说明信息消费者的需求越个性化。张向先等认为合理的网络信息生态链结构是实现信息生态链效能的根本,链中任何节点构建不合理,都将会导致链的效能下降甚至断链[①]。如同一种群的生产者节点过多,则会出现产品同质化,在生产者节点之间会产生无序竞争。同理,在数字图书馆生态链协调运行过程中,链的结构也会对链的协调运行方式及协调运行效率产生影响[②],据此本书提出以下假设:

H_1:链的结构正向影响数字图书馆生态链协调运行

H_{1-1}:链的结构正向影响链中信息供需匹配程度

H_{1-2}:链的结构正向影响链中是否出现无序竞争情况

H_{1-3}:链的结构正向影响链中分工协作合理程度

H_{1-4}:链的结构正向影响链中信息主体关系和谐程度

(2)链的自组织能力与数字图书馆生态链协调运行的关系

孙丽昷认为面对网络信息的混沌行为(虚拟、无序等),必须理解其运行过程的特征,才能有效地通过自组织手段进行控制[③]。Gershensong C 认为电子商务生态系统具有自我协调的自组织能力。系统内部各因素随着外部环境的变化,能够不断进行自身调整。在不断适应环境的过程中,系统内各因素一方面会主动提升自身的竞争力,另一方面能够相互促进,从而实现整体优化的目的,使系统不断更新,向前发展[④]。张爽研究了电子商务生态系统

---

① 张向先,史卉,江俞蓉.网络信息生态链效能的分析与评价[J].图书情报工作,2013,57(15):44-49.
② 殷茗.动态供应链协作信任关键影响因素研究[D].西安:西北工业大学,2006:25-40.
③ 孙丽昷.网络信息传播:一种自组织复杂系统的分析研究[J].现代情报,2007,27(5):81-84.
④ Gershensong C. Design and control of self-organizing systems[D]. Vrije University Brassel,2007:89.

内的各类主体的协调运行,认为各类主体根据供应链中的环境变化主动运用管理手段、先进技术等,通过优化生产力因素组合、减少中间环节来提高生产效率、降低生产成本①。本书根据已有学者的研究成果及理论观点,做出如下假设:

H_2:链的自组织能力正向影响数字图书馆生态链协调运行

H_{2-1}:链的自组织能力正向影响链中信息供需匹配程度

H_{2-2}:链的自组织能力正向影响链中是否出现无序竞争情况

H_{2-3}:链的自组织能力正向影响链中分工协作合理程度

H_{2-4}:链的自组织能力正向影响链中信息主体关系和谐程度

(3) 链中利益分配与数字图书馆生态链协调运行的关系

利益分配的方式与利益分配的公平程度、各节点所得利益的数量和种类、与其需求的吻合程度,均与节点最终所得利益紧密相关。在数字图书馆生态链中,利益诉求是指链中各节点对各种形式的利益的需要和要求。节点的利益需求主要来自链中增值价值的分配。据此,本书提出如下假设:

H_3:链的利益分配正向影响数字图书馆生态链协调运行

H_{3-1}:链的利益分配情况正向影响链中信息供需匹配程度

H_{3-2}:链的利益分配情况正向影响链中是否出现无序竞争情况

H_{3-3}:链的利益分配情况正向影响链中分工协作合理程度

H_{3-4}:链的利益分配情况正向影响链中信息主体关系和谐程度

(4) 链中信息环境与数字图书馆生态链协调运行的关系

链中信息环境主要由信息、信息技术和信息制度三个主要要素构成,其中信息是信息环境中的基本要素,属于微观环境;信息技术是支撑信息运行的技术手段,信息必须在信息技术的支撑下才能完成流转和使用,属于中观环境;信息制度是指导信息技术应用和发展的指挥棒,没有信息制度,信息技术难以实施。② 据此,本

---

① 张爽.企业供应链之间的竞合关系分析[J].沿海企业与科技,2005(2):15-16.
② 娄策群,毕达宇,张苗苗.网络信息生态链运行机制研究:动态平衡机制[J].情报科学,2014,32(1):8-13.

书提出如下假设：

H_4：链中信息环境正向影响数字图书馆生态链协调运行

H_{4-1}：链中信息环境正向影响链中信息供需匹配程度

H_{4-2}：链中信息环境正向影响链中是否出现无序竞争情况

H_{4-3}：链中信息环境正向影响链中分工协作合理程度

H_{4-4}：链中信息环境正向影响链中信息主体关系和谐程度

4.1.4 数字图书馆生态链协调运行影响因素的假设模型

根据以上假设分析，本书提出了16个研究假设，具体见表4.1。

表 4.1 数字图书馆生态链协调运行影响因素的研究假设

编号	研究假设
H_1	链的结构正向影响数字图书馆生态链协调运行
H_{1-1}	链的结构正向影响链中信息供需匹配程度
H_{1-2}	链的结构正向影响链中是否出现无序竞争情况
H_{1-3}	链的结构正向影响链中分工协作合理程度
H_{1-4}	链的结构正向影响链中信息主体关系和谐程度
H_2	链的自组织能力正向影响数字图书馆生态链协调运行
H_{2-1}	链的自组织能力正向影响链中信息供需匹配程度
H_{2-2}	链的自组织能力正向影响链中是否出现无序竞争情况
H_{2-3}	链的自组织能力正向影响链中分工协作合理程度
H_{2-4}	链的自组织能力正向影响链中信息主体关系和谐程度
H_3	链的利益分配正向影响数字图书馆生态链协调运行
H_{3-1}	链的利益分配情况正向影响链中信息供需匹配程度
H_{3-2}	链的利益分配情况正向影响链中是否出现无序竞争情况
H_{3-3}	链的利益分配情况正向影响链中分工协作合理程度

(续表)

编号	研究假设
H_{3-4}	链的利益分配情况正向影响链中信息主体关系和谐程度
H_4	链中信息环境正向影响数字图书馆生态链协调运行
H_{4-1}	链中信息环境正向影响链中信息供需匹配程度
H_{4-2}	链中信息环境正向影响链中是否出现无序竞争情况
H_{4-3}	链中信息环境正向影响链中分工协作合理程度
H_{4-4}	链中信息环境正向影响链中信息主体关系和谐程度

根据概念模型中的相互关系以及以上16个假设路径,本书构建出数字图书馆生态链协调运行的假设模型,具体如图4.2所示。

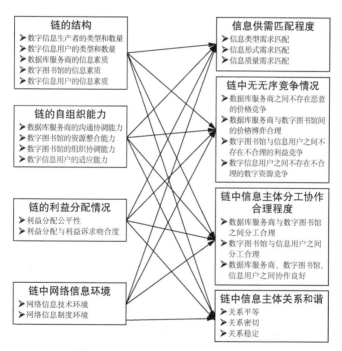

图4.2 数字图书馆生态链协调运行影响因素假设模型

4.2 数字图书馆生态链协调运行影响因素的验证

4.2.1 观测变量描述

从图4.2可以看出,本书的假设模型中包含8个潜变量,26个观测变量,其中包含数字图书馆生态链协调运行影响因子潜变量4个:链的结构、链的自组织能力、链的利益分配情况以及链中网络信息环境;数字图书馆生态链协调运行标准潜变量4个:信息供需匹配、链中无序竞争、链中信息主体分工协作合理及链中信息主体关系和谐。各观测变量描述如下:

(1) 链的结构

反映的是数字图书馆生态链中节点类型、数量及节点素质情况,具体包括数字信息生产者的类型和数量、数字信息用户的类型和数量、数据库服务商的信息素质、数字图书馆的信息素质、数字信息用户的信息素质。

(2) 链的自组织能力

反映的是数字图书馆中核心节点对整链协调运行的把控能力及链中上下游节点对外界变化的适应能力,具体包括数据库服务商的沟通协调能力、数字图书馆的资源整合能力、数字图书馆的组织协调能力及数字信息用户的适应能力。

(3) 链的利益分配

反映数字图书馆生态链中的利益分配方式、链中各节点所得利益与其需求的吻合程度,具体包括利益分配公平性、链中利益分配的类型、数量及其吻合程度。

(4) 网络信息环境

反映数字图书馆生态链协调运行中的网络信息的内部环境和外部环境。网络信息的内部环境主要是指信息技术环境,强调信息技术的科学性、适用性和实用性;网络信息的外部环境主要是指信息制度环境,强调信息制度的完整性和有用性。

(5) 信息供需匹配程度

反映用户得到的信息与其需求的吻合程度,具体包括信息类型需求匹配程度、信息形式需求匹配程度以及信息质量需求匹配程度。

(6) 链中无无序竞争情况

反映数字图书馆生态链是否有序、协调运行,具体包括数据库服务商之间无恶意的价格竞争、数据库服务商与数字图书馆间的价格博弈、数字图书馆与信息用户之间无不合理的利益竞争以及数字信息用户之间无不合理的数字资源竞争情况。

(7) 链中信息主体分工协作情况

反映数字图书馆生态链中各类信息主体间分工与协作的合理程度,具体包括数据库服务商与数字图书馆之间分工合理、数字图书馆与信息用户之间分工合理、数据库服务商、数字图书馆、信息用户之间协作良好。

(8) 链中信息主体关系和谐程度

反映数字图书馆生态链中各信息主体在协调运行中的合作关系程度,具体包括信息主体间关系的平等程度、密切程度及稳定程度三个方面。

4.2.2 问卷调查

(1) 问卷设计

本书利用李克特(likert)五点量表原理进行问卷设计,根据研究内容需要设置了8个潜变量,每个潜变量又下设观测变量,潜变量分别用 A—H 表示,观察变量用 A_1—A_n 表示,每个问题均采用正向问法。调查问卷表见表 4.2。

表 4.2 数字图书馆生态链协调运行影响因素问卷

潜变量	观测变量	问项代码	测量问题	参考来源
链的结构（A）	数字信息生产者的类型和数量	A_1	数字图书馆与多个不同类型的数据库服务商有合作	张向先[①]；邓以惠，黄付艳[②]；薛佩伟[③]；娄策群，方圣，宋文绩[④]；娄策群，桂晓苗，杨光[⑤]
	数字信息用户的类型和数量	A_2	数字图书馆为大量不同类型的用户提供信息服务	
	数据库服务商的信息素质	A_3	数据库服务商的信息整合与组织能力较强，能好地整合各类信息资源构建数据库	
	数字图书馆的信息素质	A_4	数字图书馆员工的信息组织能力较强，能够有效整合各类不同的数据库资源	
	数字信息用户的信息素质	A_5	信息用户的信息意识和信息获取能力较强，能明确自身的信息需求并准确获取信息	

---

① 张向先,史卉,江俞蓉. 网络信息生态链效能的分析与评价[J]. 图书情报工作, 2013,57(15):44-49.

② 邓以惠,黄付艳. 图书馆信息生态失衡及对策研究[J]. 现代情报,2009,29(12):17-20.

③ 薛佩伟. 信息生态视阈下数字图书馆信息协调服务模式研究[J]. 中国中医药图书情报杂志,2018,42(1):35-38.

④ 娄策群,方圣,宋文绩. 网络信息生态链协调进化方略[J]. 图书情报工作, 2015,59(22):27-32.

⑤ 娄策群,桂晓苗,杨光. 网络信息生态链运行机制研究:协同竞争机制[J]. 情报科学,2013,31(8):3-9.

(续表)

潜变量	观测变量	问项代码	测量问题	参考来源
链的自组织能力（B）	数据库服务商的沟通协调能力	B_1	数据库服务商能够与数字图书馆进行很好的沟通，并对合作过程中可能出现的问题进行有效协调	李彦，胡漠，王艳东[1]；高玉萍[2]；高新陵[3]；刘玉婷，姚慧君[4]
	数字图书馆的资源整合能力	B_2	数字图书馆能够整合各类信息资源、人力资源、经济资源、技术资源，最大限度为信息用户提供服务	
	数字图书馆的组织协调能力	B_3	数字图书馆能够有效协调数据库服务商与信息用户之间的关系，并能协助解决合作中的各种矛盾	
	数字信息用户的适应能力	B_4	信息用户能够较快地适应数字图书馆信息设备、信息技术等的变化	
		B_5	信息用户能够较快适应数据库服务商服务模式、服务方式的变化	

---

[1] 李彦,胡漠,王艳东.公共数字图书馆信息生态化程度测评研究[J].情报科学,2015,33(2):35-40.

[2] 高玉萍.数字图书馆信息生态链的构建与优化研究[J].河南图书馆学刊,2015,35(9):109-111.

[3] 高新陵.基于信息生态系统理论的图书馆核心竞争力解构[J].图书情报研究,2014,7(3):54-58.

[4] 刘玉婷,姚慧君.信息生态系统视角下的数字图书馆资源优化配置[J].山西档案,2018(3):123-125.

(续表)

潜变量	观测变量	问项代码	测量问题	参考来源
链的利益分配（C）	利益分配公平性	C_1	链中利益分配方式合理，能将自然分配与按规则协调分配两类分配方式结合	Adams[1]；张珊红[2]；张苗苗[3]；杨小溪[4]；孙国强[5]
		C_2	链中信息主体得到的利益与其付出成比例，对链中协调运行贡献越大的信息主体获得的利益越多	
		C_3	链中利益分配过程中不存在隐藏、欺瞒等现象，利益分配规则及过程公开透明	
	利益分配与利益诉求吻合度	利益类型吻合 C_4	数据库服务商、数字图书馆及信息用户均获得了自身需要的利益类型（例如创造经济效益、形象提升、社会影响力扩大、知识量增加、素质提升等）	
		利益数量吻合 C_5	数据库服务商、数字图书馆、信息用户获得的利益量与其期望相吻合	

---

[1] Adams J S. Inequity in social exchange[M]//Advances in Experimental Social Psychology. Amsterdam：Elsevier，1965：267-299.
[2] 张珊红. 基于共生理论的供应链合作利益分配机制研究[D]. 青岛：中国海洋大学，2008.
[3] 张苗苗. 公安网络信息生态链共生互利研究[D]. 武汉：华中师范大学，2015.
[4] 杨小溪. 网络信息生态链价值管理研究[D]. 武汉：华中师范大学，2012.
[5] 孙国强. 网络协作环境下的利益分配理论与模型[J]. 管理科学，2003，16(6)：22-25.

(续表)

潜变量	观测变量	问项代码	测量问题	参考来源
网络信息环境（D）	信息技术环境	D_1	数字图书馆运用的各种信息技术（信息设备、信息系统、数据库等）能提升链中信息流转效率	娄策群，李青维，娄冬[1]；娄策群，李青维，娄冬[2]；毕达宇，娄策群，张苗苗[3]
		D_2	数字图书馆运用的各种信息技术设备、信息系统及其他信息技术之间是相互匹配的，它们的组合运用能提高链中信息流转效率	
		D_3	信息用户能够熟练运用数字图书馆更新的新设备、新技术获取数字信息	
	信息制度环境	D_4	链中各类信息制度相对全面和完整	
		D_5	链中各类信息制度之间相互协调，没有矛盾和冲突	
		D_6	链中各类信息制度都有较强的可执行性，能够对各类主体的行为起到实质的规约作用	

---

[1] 娄策群，李青维，娄冬. 网络信息生态环境中的信息制度环境优化研究[J]. 图书馆学研究，2016(23)：2-6.

[2] 娄策群，李青维，娄冬. 网络信息生态链技术环境优化研究[J]. 情报理论与实践，2016，39(12)：76-80.

[3] 毕达宇，娄策群，张苗苗. 商务网络信息生态链动态平衡影响因素及实证分析[J]. 情报理论与实践，2016，39(4)：114-118.

(续表)

潜变量	观测变量	问项代码	测量问题	参考来源
信息供需匹配（E）	信息类型需求匹配	E_1	信息用户能从数字图书馆获取满足自身需求类型的数字信息,如学术期刊文献信息、理财信息、科普信息等	娄策群,杨瑶,桂晓敏①;娄策群,江彦,韩艳芳②
	信息形式需求匹配	E_2	信息用户能从数字图书馆获取满足自身需求形式的数字信息,如文字文本信息、图片信息、音频信息、视频信息等	
	信息质量需求匹配	E_3	信息用户能从数字图书馆获取满足信息用户需求的具有较高的权威性、真实性、全面性的高质量信息	
链中不存在无序竞争（F）	数据库服务商之间不存在恶意的价格竞争	F_1	数据库服务商之间不存在恶意降价、打压对方的竞争方式	
	数据库服务商与数字图书馆间的价格博弈是合理的	F_2	在购买数据库的过程中,数据库服务商和数字图书馆能够协商到合适的价格	

① 娄策群,杨瑶,桂晓敏.网络信息生态链运行机制研究:信息流转机制[J].情报科学,2013,31(6):10-14.

② 娄策群,江彦,韩艳芳.网络信息生态链形成的主要标志与发育过程[J].情报理论与实践,2015,38(6):1-5.

(续表)

潜变量	观测变量	问项代码	测量问题	参考来源
链中不存在无序竞争（F）	数字图书馆与信息用户之间不存在不合理的利益竞争	F_3	数字图书馆提供的有偿服务都是合理的，且都是信息用户所能接受的	李北伟，董微微[①]；陈明红[②]；张海涛，孙思阳，任亮，等[③]
	数字信息用户之间不存在不合理的数字资源竞争	F_4	不同的信息用户在同一时间可以获取到相同的数字信息资源	
主体分工协作合理（G）	数据库服务商与数字图书馆之间分工合理	G_1	数据库服务商与数字图书馆之间责权分明，在合作过程中分工详尽、具体	赵玉冬[④]；李振玲，徐萍[⑤]
		G_2	数据库服务商与数字图书馆之间不会因分工不明确而产生矛盾	
	数字图书馆与信息用户之间分工合理	G_3	数字图书馆和信息用户之间分工明确，不存在服务不到位或过度服务的现象	
		G_4	数字图书馆与信息用户之间就服务内容、服务方式、服务程度等达成了良好的默契	

---

① 李北伟，董微微.基于演化博弈理论的网络信息生态链演化机理研究[J].情报理论与实践，2013，36(3)：15-19.

② 陈明红.信息生态系统中资源配置的博弈行为分析[J].情报理论与实践，2010，33(9)：17-22.

③ 张海涛，孙思阳，任亮，等.基于竞合关系的商务网络信息生态链演化博弈研究[J].情报理论与实践，2018，41(10)：60-65.

④ 赵玉冬.信息生态位视角下数字图书馆的优化与发展[J].图书馆工作与研究，2013(2)：9-12.

⑤ 李振玲，徐萍.图书馆联盟生态位及其治理机制：社会网络的视角[J].图书馆，2016(7)：97-100.

(续表)

潜变量	观测变量	问项代码	测量问题	参考来源
主体分工协作合理（G）	数据库服务商、数字图书馆、信息用户之间协作良好	G_5	数据库服务商、数字图书馆及信息用户之间能相互配合，协调运行，共同促进链中信息流转	
主体关系和谐（H）	主体关系合理	H_1	数字图书馆与数据库服务商及信息用户间是平等的，不存在上下级、领导与被领导的关系	娄策群，杨瑶，桂晓敏[①]；徐文哲，郑建明，郝世博[②]
	主体关系密切	H_2	数字图书馆与数据库服务商和信息用户合作次数较多，交流比较频繁	
	主体关系稳定	H_3	数字图书馆与数据库服务商和信息用户间有长期、稳定的合作关系	

(2) 小样本预调研

为了进一步检测问卷的合理性，笔者进行了小样本预调研。

① 预调查样本基本信息统计

在预调研中，我们通过纸本和网络两种方式同步发放了问卷192份，共回收有效问卷156份，填写不全或者填写选项答案完全相同的视为无效问卷。笔者现场观察了35名网上问卷填写者，发现问卷填写的时间大约在150—240 s之间。为了最大限度保证回收问卷的质量，笔者将网上填写问卷时间小于60 s的问卷也视作

---

① 娄策群，杨瑶，桂晓敏. 网络信息生态链运行机制研究：信息流转机制[J]. 情报科学，2013,31(6):10-14.
② 徐文哲，郑建明，郝世博. 数字图书馆系统微观协同运行机制：基于群集理论视角[J]. 情报理论与实践，2014,37(9):106-111.

无效问卷,综合线上和线下问卷,共得到有效问卷 135 份。样本数据基本统计信息见表 4.3。

表 4.3 预调研样本数据基本信息统计分析

调查项目名称	分类	数量(人)	占比(%)
性别	男	60	44.44
	女	75	55.56
年龄	20—30 岁	61	45.19
	31—40 岁	38	28.15
	41—50 岁	32	23.70
	50 岁以上	4	2.96
所在单位	高校数字图书馆	59	43.70
	公共数字图书馆	28	20.74
	社区数字图书馆	17	12.59
	单位内部数字图书馆	17	12.59
	其他	14	10.37
所在岗位	参考咨询部	26	19.26
	数字资源部	44	32.59
	信息技术部	16	11.85
	读者服务部	27	20.00
	其他	22	16.30
受教育程度	大专及以下	30	22.22
	本科	59	43.70
	硕士	33	24.44
	博士	13	9.63

② 信度、效度分析

常用的信度检验方法为 Cronbach α 信度系数法。Cronbach α

系数值取值范围为[0,1],大于0.7时,则表明数据的信度较好。数字图书馆生态链协调运行影响因素预调查样本信度分析如表4.4所示。

表4.4　数字图书馆生态链协调运行影响因素预调查样本信度分析

变量	Cronbach α 系数
链的结构	0.775
链的自组织能力	0.874
链的利益分配	0.716
网络信息环境	0.729
信息供需匹配	0.896
链中不存在无序竞争	0.743
主体分工协作合理	0.871
主体关系和谐	0.785

由表4.4可知,所选观测点变量的Cronbach α系数均大于0.7,说明各观测点的信度均达到所需的标准。

变量因子的效度主要从内容和结构两个方面来进行测度。本研究变量因子的内容效度在上文中已经得到了有效验证,下面验证变量因子的结构效度。首先利用KMO检验和Bartlett球体检验对结构模型中的8个变量所涉及的测量问项数据进行验证。KMO检测变量因子样本的取样充分度,其取值范围为[0,1],0.5—1之间表明选择的变量因子比较合理,可以作用研究的变量因子进行分析;小于0.5则表明选择的变量因子不合理,需要重新选择变量因子,直到变量因子达到合格标准为止。数字图书馆生态链协调运行影响因素预调查样本效度分析如表4.5所示。

表 4.5 数字图书馆生态链协调运行影响因素预调查样本效度分析

KMO 和 Bartlett 的检验		
KMO 检验		0.817
Bartlett 检验	近似卡方	1 955.704
	df	630
	Sig.	0.000

从表 4.5 中可以看出,KMO 检验值为 0.817,Bartlett 检验近似卡方值为 1 955.704,Bartlett 检验自由度(df)为 630,Bartlett 检验(Sig.)值为 0,该检验结果表明样本数据合格,可以利用选择的样本因子开展下一步的研究工作。

结合预调研变量因子信度和效度的分析结果可知,预调查问卷具有良好的信度和效度。本研究再次对预调查问卷进行完善,形成了正式问卷文本,见附录Ⅱ所示。

(3) 调研对象的选取

数字图书馆生态链协调运行反映的是链的整体运行情况,与链中各节点紧密相关。理论上说,衡量数字图书馆生态链整链的协调运行情况需要综合考虑各类信息主体对该问题的评判标准,但是不同的信息主体在链中充当的功能角色不同,对整链是否协调运行的理解和认识有不同的侧重点,评价标准难以统一。此外,在实际调研过程中,如果要综合考虑链中各类信息主体的观点,涉及的工作量很大,调研数据难以获取和处理。考虑到数字图书馆是链中核心节点,与上下游节点均有紧密联系,且对整链的运行状态或发展方向起到主要的决定作用,数字图书馆工作人员对整链协调运行的状态有较强的发言权,故本研究决定以数字图书馆的工作人员为主,链上其他人员为辅完成此次问卷调查。

(4) 数据采集

本研究采用线上与线下相结合的方式进行问卷发放。发放线上问卷时,我们首先采用电话或者网络的方式联系答卷者,说明问卷的原因和注意事项,再以微信或者是 QQ 的方式将问卷传递给对方,并以同样的方式进行回收。对于线下的问卷,我们尽可能地采用实地发放问卷的方式,这样可以了解答卷人对问卷的真实理解程度,也便于对相关问题进行实地解释,这也是对第三章中个人访谈内容的一个补充。此外,本研究还采用邮递的方式发放了一少部分问卷。基于使用的习惯性与广泛性,笔者选择问卷星作为线上问卷发放的平台,问卷星是一个实用性较强的平台,被广泛应用于各类调查问卷之中。它具有分项统计和记录问卷填写进展的功能,有利于笔者跟踪问卷填写进程。为保证问卷中各项参数设置的科学性,我们先对 200 份左右的问卷做了测试,效果良好。有效问卷回收总数一般应在 200 份以上,且发放问卷量最好介于问项数量的 5—10 倍,方可保证问卷结果达到最佳[①]。本研究共设计问项数为 32 项,发放纸本问卷 172 份,线上问卷 386 份,最后合计回收 446 份,剔除答题不完整、所有题项答案一样以及答题时间在 60 min 以下的无效问卷 18 份,共得到有效问卷 428 份,问卷回收有效率达 75%。

4.2.3 数据结果分析

(1) 调查问卷特征描述性的统计分析

表 4.6 调查问卷特征描述性的统计分析

名称	分类	数量	占比(%)
性别	男	216	50.50
	女	212	49.50

[①] 吴明隆.结构方程模型:AMOS 实务进阶[M].重庆:重庆大学出版社,2013:23-40.

(续表)

名称	分类	数量	占比（%）
年龄	20—30 岁	150	35.00
	31—40 岁	149	34.80
	41—50 岁	84	19.60
	50 岁以上	45	10.50
所在单位	高校数字图书馆	59	43.7%
	公共数字图书馆	28	20.74%
	社区数字图书馆	17	12.59%
	单位内部数字图书馆	17	12.59%
	其他	14	10.37%
所在岗位	参考咨询部	26	19.26%
	数字资源部	44	32.59%
	信息技术部	16	11.85%
	读者服务部	27	20%
	其他	22	16.3%
受教育程度	大专及以下	30	22.22%
	本科	59	43.7%
	硕士	33	24.44%
	博士	13	9.63%

（2）调查问卷测度因子的信度分析

当 Cronbach α 值大于 0.7 时，测度因子的信度为良好。

从表 4.7 中可以看出影响因素的 Cronbach α 系数均大于 0.7，

说明本研究所假设的测度因子信度良好,可以作为影响因素因子。

表 4.7 调查问卷测度因子的信度分析

变量	Cronbach α 系数
链的结构	0.825
链的自组织能力	0.855
链的利益分配	0.839
网络信息环境	0.859
信息供需匹配	0.804
链中不存在无序竞争	0.814
主体分工协作合理	0.842
主体关系和谐	0.771

(3) 调研样本的效度分析

本研究样本数据的 KMO 值及 Bartlett 球形度检验结果如表 4.8 所示。

表 4.8 样本数据的 KMO 值和 Bartlett 球形度检验

样本数据的 KMO 和 Bartlett 的球形度检验		
KMO 值		0.981
Bartlett 球形度检验	近似卡方	10 104.891
	df	630
	Sig.	0.000

从表 4.8 中可以看出,KMO 值为 0.981,大于 0.7,说明样本数据各变量间的联系较为紧密;样本数据的 Bartlett 球形度检验近似卡方值为 10 104.891,自由度为 630,表明各个变量的相关系数矩阵不太可能是单位矩阵,比较适合做因子分析。

4.2.4 结构模型的拟合程度分析

将问卷收集到的数据输入 AMOS 18.0,经过系统运行,可以构建结构方程模型如图 4.2 所示。

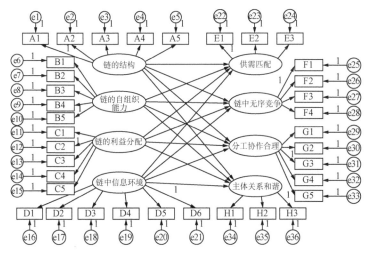

图 4.3 数字图书馆生态链协调运行影响因素结构方程模型

将数据导入 AMOS 软件,运用极大似然法对模型的各项参数进行估计,所得模型适配度统计如表 4.9 所示。

表 4.9 结构模型的拟合度指标 PH

统计检验值	适配值或临界值	参数估计值
卡方统计值 χ^2		2 752.240
自由度		582
卡方统计值与自由度比值 χ^2/df	≤3	4.73
近似均方根误差(RMSEA)	<0.08	0.093
拟合优度指数(GFI)	>0.90	0.743

(续表)

统计检验值	适配值或临界值	参数估计值
调整后的拟合优度指数(AGFI)	>0.90	0.706
规范拟合指数(NFI)	>0.90	0.736
比较拟合指数(CFI)	>0.90	0.778
增量拟合指数(IFI)	>0.90	0.779
TLI	>0.50	0.760
PGFI	>0.50	0.649
PNFI	>0.50	0.680
PCFI	>0.50	0.719

从表4.9中可看出卡方统计值为2752.240，自由度df值为582，卡方统计值与自由度比值为4.73，该值越小表明模型的协方差矩阵与观测数据的匹配度越高，通常研究认为小于3较为合理。因此说明该模型初始拟合程度较差。GFI值为0.743，AGFI为0.706，NFI为0.736，CFI为0.778，IFI为0.779，上述各化项指标的标准值均应达到0.90，说明模型适配度仍与理想模型存在一定差距。TLI值为0.760，PGFI值为0.649，PNFI值为0.680，PCFI值为0.719，上述几项指标结果均达到了模型所需的标准要求。在观察模型修正指标数值中发现存在一些指标间的共变关系，如果对指标间的共变关系进行修正，则能够极大提升模型的整体适配度。SEM是一种验证性的方法，通常必须有理论或经验法则支持，在理论引导的前提下才能构建假设模型图。即使是模型的修正，也必须依据相关理论，故它特别强调理论的合理性。本研究中数字图书馆生态链协调运行的各影响因素间的确存在相互影响的关系，某一项指标的变化完全有可能与相应指标发生共变。此外，一些误差及残差变量间有共变也具有可信的理论依据，因

此笔者对构建的结构模型进行了修正,修正后的结构模型如图4.4所示。

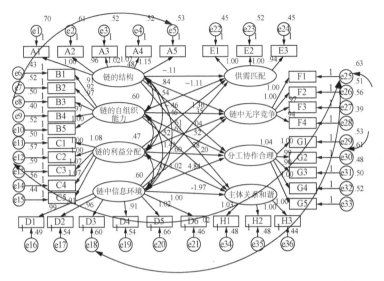

图 4.4　修正后的数字图书馆生态链协调运行影响因素结构方程模型

从表 4.10 中可以看出,修正后的结构模型中各项拟合度指标均发生了一些变化。卡方统计值与自由度比值(χ^2/df)为 2.753,符合该值小于或者等于 3 的基本要求,表明该假设模型的适配程度良好。近似均方根误差 RMSEA 值为 0.068,介于 0.05~0.08,符合适配标准。拟合优度指数 GFI 值、调整后的拟合优度指数(AGFI)、规范拟合指数(NFI)、比较拟合指数(CFI)以及增量拟合指数(IFI)均大于 0.90,在可接受范围之内。另外,TLI、PGFI、PNFI 以及 PCFI 值均达到了大于 0.50 的标准,符合规定条件。以上各项指标参数值的检测结果说明修正后的结构模型整体适配度良好。

表 4.10 修正后的结构模型的各项拟合度指标

统计检验值	适配值或临界值	参数估计值	检测结果
卡方统计值 χ^2		1 386.428	
自由度		507	
卡方值与自由度的比值 χ^2/df	≤3	2.753	符合标准
近似均方根误差(RMSEA)	<0.05 适配良好, <0.08 适配合理	0.068	符合标准
拟合优度指数(GFI)	>0.90	0.912	符合标准
调整后的拟合优度指数(AGFI)	>0.90	0.883	可接受
规范拟合指数(NFI)	>0.90	0.906	符合标准
比较拟合指数(CFI)	>0.90	0.931	符合标准
增量拟合指数(IFI)	>0.90	0.926	符合标准
TLI	>0.50	0.768	符合标准
PGFI	>0.50	0.736	符合标准
PNFI	>0.50	0.612	符合标准
PCFI	>0.50	0.646	符合标准

4.2.5 结构模型中各建构之间路径影响关系分析

本研究基于修正后的结构模型,对预先假设的各因素对表现形式的路径影响关系进行了检测,其检验结果如表 4.11 所示。

表 4.11 各影响因素对表现形式的路径影响关系的检验结果

			Estimate	S.E	C.R.	P
供需匹配	←	链的结构	0.260	0.037	6.979	***
链中无无序竞争	←	链的结构	0.052	0.030	1.748	0.081
分工协作合理	←	链的结构	0.043	0.027	1.627	0.104

(续表)

			Estimate	S.E	C.R.	P
主体关系和谐	←	链的结构	0.121	0.033	3.640	***
供需匹配	←	链的自组织能力	0.187	0.032	5.866	***
链中无无序竞争	←	链的自组织能力	0.193	0.033	5.930	***
分工协作合理	←	链的自组织能力	0.328	0.037	8.793	***
主体关系和谐	←	链的自组织能力	0.290	0.038	7.581	***
供需匹配	←	链的利益分配	0.336	0.044	7.703	***
链中无无序竞争	←	链的利益分配	0.427	0.051	8.391	***
分工协作合理	←	链的利益分配	0.358	0.043	8.277	***
主体关系和谐	←	链的利益分配	0.446	0.052	8.506	***
分工协作合理	←	链中信息环境	0.405	0.042	9.721	***
主体关系和谐	←	链中信息环境	0.221	0.035	6.386	***
供需匹配	←	链中信息环境	0.361	0.040	9.017	***
链中无无序竞争	←	链中信息环境	0.501	0.051	9.882	***

其中 P 值小于 0.05 为影响显著，*** 表示 P＜0.001

表 4.12 数字图书馆生态链协调运行影响因素假设的验证结果

编号	研究假设	验证结果
H_1	链的结构正向影响数字图书馆生态链协调运行	接受原假设
H_{1-1}	链的结构正向影响链中信息供需匹配程度	拒绝原假设
H_{1-2}	链的结构正向影响链中是否出现无序竞争情况	拒绝原假设
H_{1-3}	链的结构正向影响链中分工协作合理程度	接受原假设
H_{1-4}	链的结构正向影响链中信息主体关系和谐程度	接受原假设
H_2	链的自组织能力正向影响数字图书馆生态链协调运行	接受原假设

(续表)

编号	研究假设	验证结果
H_{2-1}	链的自组织能力正向影响链中信息供需匹配程度	接受原假设
H_{2-2}	链的自组织能力正向影响链中是否出现无序竞争情况	接受原假设
H_{2-3}	链的自组织能力正向影响链中分工协作合理程度	接受原假设
H_{2-4}	链的自组织能力正向影响链中信息主体关系和谐程度	接受原假设
H_3	链的利益分配正向影响数字图书馆生态链协调运行	接受原假设
H_{3-1}	链的利益分配情况正向影响链中信息供需匹配程度	接受原假设
H_{3-2}	链的利益分配情况正向影响链中是否出现无序竞争情况	接受原假设
H_{3-3}	链的利益分配情况正向影响链中分工协作合理程度	接受原假设
H_{3-4}	链的利益分配情况正向影响链中信息主体关系和谐程度	接受原假设
H_4	链中信息环境正向影响数字图书馆生态链协调运行	接受原假设
H_{4-1}	链中信息环境正向影响链中信息供需匹配程度	接受原假设
H_{4-2}	链中信息环境正向影响链中是否出现无序竞争情况	接受原假设
H_{4-3}	链中信息环境正向影响链中分工协作合理程度	接受原假设
H_{4-4}	链中信息环境正向影响链中信息主体关系和谐程度	接受原假设

表4.11与表4.12的结果显示,链的结构对供需匹配程度呈正向显著影响,路径系数为0.260,P值小于0.01,原假设成立。链的结构对链中信息主体关系的和谐程度呈正向显著影响,路径系数为0.121,P值小于0.01,原假设成立。链的自组织能力对供需匹配呈正向显著影响,路径系数为0.187,P值小于0.01,原假设成立。链的自组织能力对链中无无序竞争呈正向显著影响,路径系数为0.193,P值小于0.01,原假设成立。链的自组织能力对信息

主体分工协作合理呈正向显著影响,路径系数为0.328,P值小于0.01,原假设成立。链的自组织能力对链中信息主体关系和谐程度呈正向显著影响,路径系数为0.290,P值小于0.01,原假设成立。链的利益分配对供需匹配呈正向显著影响,路径系数为0.336,P值小于0.01,原假设成立。链的利益分配对链中无无序竞争呈正向显著影响,路径系数为0.427,P值小于0.01,原假设成立。链的利益分配对信息主体分工协作合理呈正向显著影响,路径系数为0.358,P值小于0.01,原假设成立。链的利益分配对链中信息主体关系和谐程度呈正向显著影响,路径系数为0.446,P值小于0.01,原假设成立。链中信息环境对供需匹配呈正向显著影响,路径系数为0.405,P值小于0.01,原假设成立。链中信息环境对链中无序竞争呈正向显著影响,路径系数为0.221,P值小于0.01,原假设成立。链中信息环境对信息主体分工协作合理呈正向显著影响,路径系数为0.361,P值小于0.01,原假设成立。链中信息环境对链中信息主体关系和谐程度呈正向显著影响,路径系数为0.501,P值小于0.01,原假设成立。

不支持原假设的路径主要有:链的结构对链中无无序竞争和链中分工协作合理。

4.3 数字图书馆生态链协调运行影响因素作用机制

4.3.1 链的结构对数字图书馆生态链协调运行的影响

链的结构决定链的规模大小及节点间的相互作用关系,对链的运行与发展产生直接的影响。在数字图书馆生态链中,对链的协调运行产生影响的结构因素主要表现为链中节点的类型、数量、素质。数字图书馆生态链的协调运行本质上是链中各类主体间及链中主体与链外环境因子间的协作与合作活动。

(1) 链中节点的类型、数量对协调运行的影响

数字图书馆生态链节点类型和数量的差异主要体现在数字信息生产者的类型和数量、数字信息用户的类型和数量两个方面。数字图书馆是链上的核心节点,其性质与数字图书馆自身的性质与任务相关。依据数字图书馆的功能定位可将其分为高校数字图书馆生态链、公共数字图书馆生态链及单位内部数字图书馆生态链三种类型。在高校数字图书馆生态链中,上游节点多以期刊数据库服务商或学位论文数据库服务商为主,类型相对较少;而在公共数字图书馆生态链中,上游节点的类型较为丰富,除了各种学术文献类的数据库,还有各类视频、音频、图片等娱乐类数据库。数字图书馆生态链中上游节点类型越多,其与链中核心节点数字图书馆间的协作方式越多样,链的协调运行及信息流转活动越稳定。数据库服务商数量的多少也是图书馆中数字信息资源类型多少的一种体现,数据库服务商的数量越多表明链中数据库越多,能满足下游信息用户需求的信息类型越多,数字图书馆生态链的协调运行越稳定。

根据数字图书馆性质及服务群体的不同,其下游节点的类型和数量也有一定差异。对于高校数字图书馆而言,链中下游节点的类型主要有从事教学与科研的教师、学校行政与管理人员、硕博士研究生、本科生、校友及少数校外人员等。而公共数字图书馆生态链中的下游节点则有多种类型,包括不同年龄层次、不同文化层次、不同职业。数字图书馆生态链中下游节点的类型和数量越多,意味着信息用户的信息需求越多样。用户的信息需求是数字图书馆生态链中信息流转的动力来源,用户的信息需求越多样,越能促进链中上下游节点间的紧密联系,同时也对数字图书馆的数字资源建设提出更高的要求,对整链的协调运行起到促进作用。

（2）链中节点的素质对协调运行的影响

数字图书馆生态链中节点的素质主要体现在节点的信息能力、协作能力及适应能力等多个方面。链中的不同主体的素质的表现形式有一定的差异。对于链中的数字信息生产者而言，其素质主要表现为信息能力与协作能力。数字信息生产者的信息能力是指其信息生产与组织能力。在数字图书馆生态链中，数字信息资源的来源主要有两种路径，一种是数据库服务商购买整合的各类数字资源，另一种是直接生成的网络信息资源。数字信息生产者的信息生产与组织能力越强，意味着数字信息内容更全面、质量更高。全面、高质量的数字信息内容更吻合下游节点的信息需求，能为下游节点提供更好的信息服务，从而进一步促进与加强节点间的相互合作，形成整链良好的信息流转循环，提升链的协调运行效率。如果信息生产者的信息生产与组织能力太差，则无法保证数字信息资源的质量。低质量的数字信息无法满足下游节点的信息需求，也会降低节点间的合作效率，从而影响节点间的协调活动。

对于链中核心节点数字图书馆而言，其素质主要表现为数字图书馆核心部门工作人员的信息能力、管理能力、协作能力三个方面。数字图书馆工作人员的信息能力是指对信息用户信息需求的捕捉能力、对数字信息资源的整合与组织能力、对核心信息技术的运用能力。数字图书馆中提供的数字信息资源必须以下游信息用户的需求为导向。而在数据库购买过程中，如何发掘下游用户的核心信息需求则对数字图书馆工作人员的信息能力有较高的要求。数字资源部、信息技术部及参考咨询部是数字图书馆的核心部门。数字图书馆与传统图书馆的主要区别除了在于提供各类数字信息资源外，还在于数字图书馆的运行主要依赖现代信息技术及各类管理信息系统，而传统图书馆更多依赖实体储藏空间及人工服务。一般而言，数字图书馆主要由数字资源管理与存储系统、资源调度系统、联合编目系统、馆际互借与文献传递系统及数字图书馆内部的业务系统等构成。而要有效地运用这些系统必须掌握核心信息技术能力。只有能够准确有效地运用核心信息技术，才能更好地开展数字图书馆的业务工作。数字图书馆工作人员对下游用户信息需求的捕捉能力主要表现为能准确了解和把握大多数用户的主要信息需求，从而购买大部分用户需要的数据库。数据库的购买费用比较昂贵，占数字图书馆运行经费的很大部分，如果数据库购买不合理，不能满足下游用户的信息需求，则造成资源的大量浪费。数字图书馆掌握较大部分的数据库购买决策权。一般数字图书馆在选择购买数据库资源时通常会召开资源建设的有关会议，由图书馆资源建设委员会组织，图书馆领导、资源建设部及其他相关部门领导参与。有些数字图书馆也会发问卷征询读者的意见，但最终的决策权主要还是由数字图书馆掌握。数字图书馆工作人员对数字信息资源的整合与组织能力是指图书馆对已购买的数据库资源进行整合与组织的能力。数字图书馆中除了购买的数据库资源，还有直接生成的线上资源。

数字图书馆工作人员的管理能力主要体现在对整链运行的规划与决策能力以及对链中各类节点行为的规约与管理能力两个方面。在数字图书馆生态链中，与数字图书馆相关的部门是链中的核心节点，其决定数字图书馆生态链的任务、性质及发展方向，对整链协调运行的目标和方式有重要影响。数字图书馆生态链的核心节点不仅是链中数字信息资源的组织者和传递者，也是数字图书馆的管理者。管理者的水平直接决定数字图书馆各部门各项工作的水平。只有当管理者对数字图书馆的发展前景作出正确的规划和决策时，数字图书馆的协调发展才有更明确的目标。除了对数字图书馆生态链整体发展方向的把握外，对数字图书馆中核心节点及上下游节点的行为的规范与控制也是数字图书馆工作人员管理能力的一种体现。例如，数字图书馆核心节点通过与上游数据库服务商的沟通与协议来约束对方的行为。

数字图书馆的协作能力是指其协调与合作能力。数字图书馆是链中核心节点,其协作能力的强弱与整链协调运行的效率直接相关。数字图书馆的协作能力越强,节点之间的协调配合越好,数字图书馆生态链的协调运行效率越高。数字图书馆的协作能力强,意味着图书馆内部各部门间分工明确、运行效率高;在与上游节点相处的过程中能展现较好的议价能力,与上游数据库服务商建立良好的关系;在与下游节点相处的过程中能根据下游用户的信息需求调整自身的结构,从而更好地满足下游用户的信息需求。

对于链中的下游节点信息用户而言,其素质为信息检索能力、信息利用能力。数字图书馆生态链通过信息流转满足下游用户的信息需求。信息的价值只有通过用户的利用才能实现。提高用户的信息检索和信息利用能力才能让用户更准确地发掘自身的信息需求,从而更高效地利用信息。只有当用户的信息需求得到有效满足时,数字图书馆生态链的协调运行效率才会更高。用户的信息检索能力是指运用信息设备及信息检索表达式准确搜集信息的能力。用户的信息检索能力越强,越能快速准确地获取到满足自身需求的信息,链中信息流转的效率就越高。如果用户不能运用正确的检索方法获取信息,信息获取的效率及查全率、查准率就会降低,链中信息流转效率就降低,链的协调活动就会受到影响。用户的信息利用能力是指将信息转化为知识并解决实际问题的能力。用户将信息转化为知识的转化率越高,则信息流转的效率越高,整链协调运行的效率越高。

4.3.2 链的自组织能力对数字图书馆生态链协调运行的影响

(1)核心节点的资源整合能力对数字图书馆生态链协调运行的影响

核心节点的资源整合能力是指数字图书馆对各类信息资源的

整合与组织能力。数字图书馆搜集与组织各类信息资源提供给链中的下游信息用户。数字图书馆的资源整合能力体现在对文献资源的整合以及对信息用户资源的整合两个方面。一是对各类知识型数字信息资源的搜集、获取、分类及整合能力。知识型数字信息资源是数字图书馆提供的主要信息服务内容。数字图书馆中购买及自建的数据库类型多样、数量众多，为了帮助用户高效合理地获取和利用各类信息资源，数字图书馆应按数据库的类型、特征及学科属性等进行合理分类，提高信息流转与使用效率。开放获取资源也是数字图书馆需要搜集和整理的内容。开放获取资源是一种免费资源，随着开放获取的免费学术信息资源逐渐增多，信息用户自身很难全面搜集，会遗漏掉珍贵的免费信息资源或在信息资源获取的过程中多走不少弯路，降低了信息获取效率。数字图书馆应全面搜集各类开放获取资源并进行合理的分类、组织，以便供下游信息用户使用。数字图书馆对知识类数字信息资源的有效整合能进一步提升数字信息资源的利用效率，更深层次地满足用户的信息需求，从而提升整链的协调运行效率。二是对信息用户的搜索行为、需求倾向等信息的搜集与获取。充分了解用户的信息需求与信息获取习惯能帮助数字图书馆提供更精准的信息服务，进一步满足用户的各类信息需求。信息用户会逐渐习惯随时随地发布信息，以及随时随地接收网络推送的各类信息。可见，用户的信息搜集、获取与利用行为会经常发生改变。不同于传统图书馆，用户多是主动去图书馆查找资料、获取信息，数字图书馆用户获取信息将不再受时间与空间的限制，用户的信息偏好、信息搜集与获取路径也是有迹可循的。在这种情况下，数字图书馆应充分利用大数据挖掘技术，了解不同用户的信息需求，根据馆藏资源情况及时、准确地向用户推送各类信息。

  数字图书馆的资源整合能力的提升能从两个方面提升数字图书馆生态链的协调运行效率。一是拓宽了数字图书馆的资源生态位,只有数字图书馆的各类资源逐渐丰富,才能更深层次地满足各类用户的多样化信息需求;只有当供需匹配时,链的协调运行活动才能稳定进行。二是丰富了信息传递的效率,提高了链中信息流转的效率。数字图书馆的主动推送信息服务一方面使资源与用户的信息需求更加吻合,另一方面提高了信息流转的效率。链中信息流转效率越高,则协调运行的效率越高。

(2)核心节点的组织协调能力对数字图书馆生态链协调运行的影响

网络信息生态链核心节点的组织协调能力是指为了完成某一任务或者为了促使整链更高效地协调运行,核心节点运用多种方式和途径对链中节点的生态位、节点间的相互关系以及各节点的运行方式等进行合理地调整、分配、管理等行为。

在数字图书馆生态链中,数字图书馆的组织协调能力主要体现为链内组织管理能力。链内组织管理是指通过规章制度等手段调节链中同级节点和上下游节点的合作关系、竞争关系及利益关系等,促使链中信息流转稳定有序地进行,整链协调运行稳定高效。组织协调是个体间友善相处、建立良好关系的前提。

图书馆的组织协调工作主要包括两个部分。一是对图书馆内部各部门工作的分工、组织及协调。数字图书馆内部涉及多个核心部门,通常有数字资源建设部、参考咨询部、信息技术部等,它们是分工有一定的差异但又相互联系的整体。只有各部门间充分实现信息共享、分工协作才能有效促进整链的协调运行。数字图书馆内部各部门的设置及分工是有一定差异的。同一数字图书馆中部门的设置与分工也会随着图书馆的发展及外界环境的变化而变化。当数字图书馆不同部门的任务产生交叉或重复时,应该进行适当的调整。只有当各部门的工作能够进行良好的衔接时,链中数字信息流转的效率才会提高。除了对各部门的任务分工进行协调外,各部门的利益协调情况也是核心节点组织协调中需要处理的一大问题。大部分数字图书馆主要从事公益性社会服务,没有什么盈利业务。因此,利益协调主要是对利益分配的调整。二是对图书馆与上下游节点相互关系的协调。在数字图书馆生态链中,核心节点与上下游节点间的关系也是影响整链协调运行效率的重要因素。链中的上游数据库服务商与核心节点数字图书馆之间除了信息流转的上下游关系,还有博弈关系。随着数据库服务商的逐渐增多,各数据库服务商之间的竞争也越来越激烈,这无疑给作为下游节点的数字图书馆在选择合作对象时带来困扰。对于信息用户而言,在获取数字资源的过程中,不同用户为了获取同一资源存在竞争的关系。数字图书馆应该根据信息用户类型与数量情况合理分配用户使用资源的时间、空间,尽量满足每个用户的信息需求。

(3)其他节点的适应能力对数字图书馆生态链协调运行的影响

在数字图书馆生态链中,数字图书馆是核心节点,对整链的协调运行发挥着关键的作用。在链中信息流转的过程中,其他节点必须适应核心节点的变化,依据核心节点的变化适时调整自身的功能生态位,以适应整链的协调运行,适应技术、制度及服务方式的变化。

4.3.3 链的利益分配对数字图书馆生态链协调运行的影响

(1)利益分配公平程度对数字图书馆生态链协调运行的影响

利益分配公平是指各节点得到的利益与付出的时间、经历、金钱等成本相匹配。利益分配公平是利益分配过程中应遵循的基本原则,但它不代表各方都对利益分配结果满意。利益分配结果满意度与各主体的感知密切,以及预期利益与实际所得利益的差值紧密相关。在很多情况下,利益分配的公平程度很难用具体的量化标准去度量,如素质利益、社会利益、形象利益等。因此,要实现绝对的利益分配公平需要综合运用多种利益分配方法。在数字图书馆生态链中,产生的增值利益主要有经济利益、形象利益、素质利益及社会利益等。对于不同的主体,伴随着信息流转获得的利益种类和数量是有差异的。对于链中的上游节点数据库服务商而言,在链中获得的主要是经济利益和形象利益。对于链中核心节点数字图书馆而言,在链中获得的主要是形象利益和社会利益。对于链中下游节点信息用户而言,在链中获得的主要是素质利益。部分利益的分配是自然分配,例如在信息获取和利用的过程中信息用户汲取了知识,获得了素质提升,实现了素质价值的增值。有些利益的分配需要通过协调分配的方式才能实现公平分配。例如,在购买数据库的过程中,数据库服务商与数字图书馆之间就经济利益的分配产生博弈。此时需要通过协商对经济利益进行调节。只有当利益分配公平时,链中各主体参与信息流转活动的积极性才会提高,链中信息流转及协调运行的效率也才会提高。

(2)利益分配与利益诉求的吻合程度对数字图书馆生态链协调运行的影响

利益分配与利益诉求吻合是指用户期望获得的利益与最终实际获得的利益在种类和数量上是相互吻合的。当用户的利益分配结果与利益诉求吻合程度高时,用户的感知满意度就会提升,参与链中信息流转的积极性也就会提升,链中信息流转的效率才会提高。数字图书馆生态链中不同主体的利益诉求种类有一定的差异。我们将利益诉求的类型分为一元利益诉求和多元利益诉求两类。一元利益诉求是指主体只有单一的利益诉求。多元利益诉求是指主体同时具有多种利益诉求,其又有主要的利益诉求和次要的利益诉求之分,只有当主要的利益诉求得到满足时,信息用户的感知满意度才会提升。但除了经济利益之外,其他类型的利益诉求较难量化。在数字图书馆生态链中,核心节点数字图书馆在信息流转的过程中期望获得最大化的形象价值,扩大自身的影响力,为获取更多其他资源发挥作用。当数字信息流转活动不能促进数字图书馆形象价值提升时,其参与协调活动的积极性就会降低,从而影响数字图书馆生态链信息流转效率。

4.3.4　网络信息环境对数字图书馆生态链协调运行的影响

网络信息环境对数字图书馆生态链协调运行的影响主要体现为网络信息技术环境及制度环境对数字图书馆生态链协调运行活动的形成及效率的影响。

(1)信息技术环境对数字图书馆生态链协调运行的影响

信息技术基础设施为数字图书馆协调运行的形成提供了基础和保障。数字信息资源的搜集、存储、组织及检索离不开信息系统和软件技术的支撑。数字图书馆中的各类数字信息通过压缩存储进行集中管理,最终实现数据资源共享。因此没有信息网络和信息设备,数字图书馆无法形成,数字信息流转更是无法实现。当信息网络环境不稳定或信息设备性能较差时,数字图书馆中的信息流转受到影响,信息传递速度变慢,信息转化的准确率降低,链中协调运行效率较低。

信息技术的发展极大地拓展了信息主体协作的范围和内容。数字化环境的形成使得教育培训、定题跟踪和专题服务、馆际互借与文献传递等都融入信息服务的范围。各种新技术的利用使得咨询内容向智能化方向发展,信息咨询和知识咨询逐渐代替文献咨询。新媒体技术拓展了协作方式。如利用新媒体向用户推送信息,实现移动阅读;利用新媒体构建交流平台,促进互动交流。信息技术的发展带动数字图书馆生态链向新的方向演进,并不断加强链中节点间的协作。

(2)信息制度环境对数字图书馆生态链协调运行的影响

信息制度对数字图书馆生态链协调运行的影响主要表现为信息制度内容的合理性对数字图书馆生态链协调运行活动形成动机

的影响,信息制度内容的全面性和针对性对数字图书馆生态链协调运行效率的影响,信息制度的执行能力对数字图书馆生态链协调运行模式和协调效率的影响。

信息制度的合理性主要体现在其是否能够满足数字图书馆生态链中各参与者的利益诉求,是否能够激发各参与者的积极性和创造力。当信息制度内容合理时,能够明确各参与者的权利和责任,提供公平的竞争环境和激励机制,从而激发各参与者在数字图书馆生态链中的活动动机,促进资源的有效整合和共享。

信息制度的全面性和针对性是指其是否能够覆盖数字图书馆生态链中的所有关键环节和参与者,以及是否能够针对特定问题提供有效的解决方案。全面且针对性的信息制度能够确保数字图书馆生态链中的各项活动都有章可循,减少因制度缺失或不明确而导致的混乱和冲突,从而提高协调运行的效率。

信息制度的执行能力是指其能否被有效执行和遵守,以及执行过程中是否能够保持公正性和一致性。图书馆制度执行力的要素是主体、客体、制度环境、执行方法[①]。强大的执行能力能够确保信息制度在数字图书馆生态链中得到有效实施,形成稳定的协调运行模式,提高协调运行的效率。如果信息制度的执行能力不足,可能会导致制度形同虚设,无法形成有效的约束和激励机制,进而影响数字图书馆生态链的协调运行模式和效率。

信息制度内容越全面、准确、具体,越能更好地引导相关主体开展工作,加强主体间的协调,提升协调运行效率。信息制度的执行能力直接决定信息制度产生的效果。信息制度的执行能力越强,越能更好地激励和约束链中主体地行为,更好地避免链中主体间产生无序竞争状态,从而提升整链地协调运行效率。

---

① 白君礼,崔旭.图书馆制度执行力概念、要素蠡测[J].图书情报知识,2014(1):62-70.

4.4 本章小结

在本章的研究中,笔者结合信息生态链理论及协调论,在相关研究的基础上提出数字图书馆生态链协调运行的四类主要影响因素,对各类影响因素的内涵进行了细致的说明。根据前面已有的研究基础,本章构建了数字图书馆生态链协调运行影响因素的概念模型,并就所列出的影响因素对数字图书馆生态链节点间信息供求匹配、链中不存在无序竞争、链中各节点主体分工协作合理情况以及链中信息主体关系和谐程度的影响作出了理论假设。接着,在反复研究、探讨和修正的基础上,确定了最终的调查问卷,并选择各类数字图书馆的工作人员作为实证调研的对象,结合线下和网络两种方式进行问卷发放。通过对采集到的调查数据进行统计分析,得出了样本数据的信息度和效度,认为样本数据具有较好的收集效果,适合用于结构方程的统计分析。之后,将数据导入预先设定好的数字图书馆生态链协调运行影响因素的结构模型中,通过分析和调整模型,使模型适配度达到合理标准。在此基础上,笔者对数字图书馆生态链协调运行各影响因素的作用机制进行了具体分析,为后续相关研究提供了基础。

第五章 数字图书馆生态链协调运行优化方略

本章首先利用模糊综合评价法对数字图书馆生态链协调运行的协调度进行评价,接着介绍了寻找数字图书馆生态链运行不协调原因的常用分析方法,最后提出帮助数字图书馆生态链协调运行的优化策略。

5.1 数字图书馆生态链协调运行的协调度评价方法

任何事物的发展都不会是一帆风顺的,数字图书馆生态链在运行的过程中也必然会出现不协调的现象,甚至最终会导致链的运行中断。如果能够及时发现问题的根源,就能迅速寻找到解决问题的办法,将损失降低在最小的范围内。在数字图书馆生态链的协调运行过程中,有些运行不协调的现象会很直观地体现在协调过程中,如分工不协作、节点利益发生冲突以及协调运行暂时中断等,利用观察法就能发现这些显性不协调的问题;但有些运行不协调的问题不是以显性的形式表现出来,或者在短期内体现不出来,那么就需要通过一定的方法对数字图书馆生态链协调运行度进行测评,才能得知其运行效果。对数字图书馆生态链协调运行的协调度进行评价,可以综合评估数字图书馆生态链协调运行的程度,协调度高,说明协调运行效果好;协调度低,说明协调运行中还存在一定的干扰因素。本章主要通过模糊综合评价法对数字图书馆生态链协调运行的协调度进行评价。

5.1.1 评价指标体系构建

设一级评价指标因素有 n 个,分别记作 $u_1, u_2, u_3, \cdots, u_n$,可以构成一个评价因素集合 U

$$U = \{u_1, u_2, u_3, \cdots, u_n\} \tag{1}$$

根据第三章对数字图书馆生态链协调运行的标志分析得知,数字图书馆生态链的协调运行是多因素相互作用的结果,评价数字图书馆生态链的协调运行度不能仅仅从某个方面或者某个因素出发,而要从整体上进行系统研究。因此,我们结合链的协调运行标志,将评价的一级指标确定为:信息供需匹配程度、链中无无序竞争状况、主体分工协作合理程度、主体关系和谐状况等 4 个方面。数字图书馆生态链协调运行度评价指标表如表 5.1 所示。

(1) 信息供需匹配程度。包含信息类型需求匹配程度、信息形式需求匹配程度、信息质量需求匹配程度 3 个二级指标。

(2) 链中无无序竞争状况。包含数据库服务商之间不存在恶意的价格竞争、数据库服务商与数字图书馆间的价格博弈是合理的、数字图书馆与信息用户之间不存在不合理的利益竞争以及数字信息用户之间不存在不合理的数字资源竞争等 4 个二级指标。

(3) 主体分工协作合理程度。包含数据库服务商与数字图书馆之间分工合理程度、数字图书馆与信息用户之间分工合理程度,以及数据库服务商、数字图书馆、信息用户之间协作良好程度等 3 个二级指标。

(4) 主体关系和谐。包含主体关系平等、主体关系密切以及主体关系稳定等3个二级指标。

表5.1 数字图书馆生态链协调运行度的评价指标体系

代码	一级指标	代码	二级指标
U_1	信息供需匹配程度	U_{1-1}	信息类型需求匹配程度
		U_{1-2}	信息形式需求匹配程度
		U_{1-3}	信息质量需求匹配程度
U_2	链中无无序竞争程度	U_{2-1}	数据库服务商之间不存在恶意的价格竞争
		U_{2-2}	数据库服务商与数字图书馆间的价格博弈是合理的
		U_{2-3}	数字图书馆与信息用户之间不存在不合理的利益竞争
		U_{2-4}	数字信息用户之间不存在不合理的数字资源竞争
U_3	主体分工协作合理程度	U_{3-1}	数据库服务商与数字图书馆之间分工合理
		U_{3-2}	数字图书馆与信息用户之间分工合理
		U_{3-3}	数据库服务商、数字图书馆、信息用户之间协作良好
U_4	主体关系和谐状况	U_{4-1}	主体关系平等
		U_{4-2}	主体关系密切
		U_{4-3}	主体关系稳定

5.1.2 评价指标权重的确定

对多种因素进行评价时候,权重的确定十分重要,常用的方法有主观赋权法、客观赋权法、综合赋权法等[1]。主观赋权法主要采用调查问卷、德尔菲法或者进行比较加权等方法得到权重系数,该方法成功与否很大程度上与参与问卷的专家们的实际经验有关。其使用起来比较方便,但是也有可能因为专家们的主观性导致误差。客观赋权法是利用相关的测算原理和测算公式对各评价因素进行推算得到权重系数,例如主成分分析法、离差最大化法等。客观赋值法计算科学,数据来源有依据,精准性较强,但一旦某个赋值环节出现差错或者误差,所得到的赋值就不准确。因此,我们建议用多种方法来综合检验权重系数,或者将通过各种方法得到的权重赋值进行再次加权,取综合得分。

各评价指标因素的权重系数确定后,就得到权重集合 A

$$A = \{a_1, a_2, \cdots, a_n\}, a_i \in [0, 1] \text{且} \sum_{i=1}^{n} i = 1 \quad (2)$$

其中,A 是 U 中各因素对评价事物的隶属度,a_i 为集合中第 i 个因素 u_i 对应的权重。

本研究首先采用专家调查法进行主观赋值。因为数字图书馆生态链协调运行涉及链上上、中、下游的三类主要信息节点,不同节点对数字图书馆生态链的协调度的影响各不相同。我们选择了与数字图书馆生态链相关的 20 名专家,根据自己的工作经验或者主观判断,采取匿名赋值的形式,对各评价因素的重要性进行排序。其中 U_1—U_4 代表表 5.1 中的一级评价指标,4 项的总分权重赋值为 1,P_1 到 P_{20} 代表专家,专家测评指标的重要性排序如表 5.2 所示。

---

[1] 苏旭东.鲁文轩.基于结构法的供应链柔性模糊综合评价研究[J].物流科技,2014,37(1):101-105.

表 5.2　专家测评指标重要性排序统计表（一级指标）

	U_1	U_2	U_3	U_4
P_1	1	4	2	3
P_2	1	4	3	2
P_3	1	4	3	2
P_4	1	4	2	3
P_5	1	4	2	3
P_6	1	4	2	3
P_7	1	4	2	3
P_8	1	4	2	3
P_9	1	4	3	2
P_{10}	1	4	2	3
P_{11}	1	4	2	3
P_{12}	1	4	2	3
P_{13}	1	4	3	2
P_{14}	1	4	2	3
P_{15}	1	4	3	2
P_{16}	1	4	3	2
P_{17}	1	4	2	3
P_{18}	1	4	2	3
P_{19}	1	4	2	3
P_{20}	1	4	2	3

专家测评指标重要性排序表可以直观地显示测评指标的重要性程度，但是由于专家组的不完全性，所得出的结论数据客观上存在潜在的偏差，即存在一定的盲度。为了排除这些偏差和不确定性的影响，可以利用熵值法进行盲度分析。本书将定性排序转化的隶属度矩阵定义为

$$\mu(I) = \frac{\ln(m-I)}{\ln(m-1)} \tag{3}$$

其中，I 为专家为某个特定纬度给出的定性排序数，取值范围为 $\{1,2,3,4\}$，m 为转化参数，$m = \text{Max}(I) + 2$，在本研究中 $m = 6$，$\mu(I)$ 的取值在 $(0,1]$，纬度重要性越大，其取值越靠近 1。

将典型排序矩阵 a_{ij} 带入隶属度矩阵函数，可以得到定量转化矩阵 b_{ij}，称为排序矩阵的隶属度矩阵

$$b_{ij} = \frac{\ln(6-a_{ij})}{\ln 5} = \begin{bmatrix} 1 & 0.82 & 0.95 & 0.89 \\ 1 & 0.82 & 0.89 & 0.95 \\ 1 & 0.82 & 0.89 & 0.95 \\ 1 & 0.82 & 0.95 & 0.89 \\ 1 & 0.82 & 0.95 & 0.89 \\ 1 & 0.82 & 0.95 & 0.89 \\ 1 & 0.82 & 0.95 & 0.89 \\ 1 & 0.82 & 0.95 & 0.89 \\ 1 & 0.82 & 0.89 & 0.95 \\ 1 & 0.82 & 0.95 & 0.89 \\ 1 & 0.82 & 0.95 & 0.89 \\ 1 & 0.82 & 0.95 & 0.89 \\ 1 & 0.82 & 0.89 & 0.95 \\ 1 & 0.82 & 0.95 & 0.89 \\ 1 & 0.82 & 0.89 & 0.95 \\ 1 & 0.82 & 0.89 & 0.95 \\ 1 & 0.82 & 0.95 & 0.89 \\ 1 & 0.82 & 0.95 & 0.89 \\ 1 & 0.82 & 0.95 & 0.89 \\ 1 & 0.82 & 0.95 & 0.89 \end{bmatrix} \tag{4}$$

计算各个专家对特定维度的平均认识度,记为

$$b_j = \frac{b_{1j} + b_{2j} + \cdots + b_{20j}}{20} = (1 \quad 0.82 \quad 0.93 \quad 0.90) \quad (5)$$

本研究采用程启月(2009)"认识盲目"的计算公式进行计算。程启月将各个专家对于特定纬度由于认识所产生的不确定性定义为认识盲度,记作

$$\begin{aligned} Q_j &= |\{[\max(b_{1j}, b_{2j}, \cdots, b_{kj}) - b_j] + \\ &\quad [\min(b_{1j}, b_{2j}, \cdots, b_{kj}) - b_j]\}/2| \\ &= (0.00 \quad 0.00 \quad 0.02 \quad 0.02) \end{aligned} \quad (6)$$

因此,本研究中 20 名专家的总体认知度记作

$$x_j = b_j(1 - Q_j) = (1.00 \quad 0.82 \quad 0.91 \quad 0.88)$$

为了得到数字图书馆生态链协调运行评价因素的权重,需要对 $x_j = b_j(1 - Q_j)$ 进行归一化处理,得到向量 α_j,则 20 个专家对于归一化处理的权重向量为

$$\alpha_j = \frac{x_j}{\sum x_j} = (0.28 \quad 0.23 \quad 0.25 \quad 0.24) \quad (7)$$

得到一级评价指标的权重系数为 $U_1 = 0.28$, $U_2 = 0.23$, $U_3 = 0.25$, $U_4 = 0.24$。

依照此原理也可以得到二级指标的权重值。数字图书馆生态链协调度评价指标权重表如表 5.3 所示。

表 5.3 数字图书馆生态链协调运行评价指标权重表

序号	一级指标	一级指标权重	二级指标	二级指标权重
1	U_1	0.28	U_{1-1}	0.38
			U_{1-2}	0.27
			U_{1-3}	0.35
2	U_2	0.23	U_{2-1}	0.31
			U_{2-2}	0.33
			U_{2-3}	0.21
			U_{2-4}	0.15
3	U_3	0.25	U_{3-1}	0.43
			U_{3-2}	0.21
			U_{3-3}	0.36
4	U_4	0.24	U_{4-1}	0.43
			U_{4-2}	0.26
			U_{4-3}	0.31

5.1.3 模糊关系矩阵的建立

根据评价的需要,可以将评价划分为若干个等级,如高、中、低,或者优秀、良好、一般、差等,分别计作v_1、v_2、…、v_n,则构成一个评价等级集合V

$$V=\{v_1,v_2,\cdots,v_n\} \qquad (8)$$

然后设定评价等级,发放调查表。数字图书馆生态链协调运行度调查表如表 5.4 所示。

表 5.4 数字图书馆生态链协调运行度调查表

一级指标代码	一级指标权重系数赋值	二级指标代码	二级指标权重系数赋值	v_1	v_2	...	v_n
U$_1$	0.28	U$_{1-1}$	0.38				
		U$_{1-2}$	0.27				
		U$_{1-3}$	0.35				
U$_2$	0.23	U$_{2-1}$	0.31				
		U$_{2-2}$	0.33				
		U$_{2-3}$	0.21				
		U$_{2-4}$	0.15				
U$_3$	0.25	U$_{3-1}$	0.42				
		U$_{3-2}$	0.21				
		U$_{3-3}$	0.37				
U$_4$	0.24	U$_{4-1}$	0.43				
		U$_{4-2}$	0.26				
		U$_{4-3}$	0.31				

注：表中$\{U_1, U_2, U_3, U_4\}$为评价因素集合，$\{v_1, v_2, \cdots, v_m\}$为评价等级集合。

结合所有专家的评判结果，根据各因素不同等级的隶属度，建立各节点、各因素与各等级之间的模糊关系矩阵

$$R = \begin{bmatrix} r_{11} & r_{12} & \cdots & r_{1m} \\ r_{21} & r_{22} & \cdots & r_{2m} \\ \vdots & \vdots & \ddots & \vdots \\ r_{n1} & r_{n2} & \cdots & r_{nm} \end{bmatrix} \tag{9}$$

5.1.4 评价结果的计算与分析

(1) 建立模糊综合评价模型

$$B = A \cdot R = (a_1, a_2, \cdots, a_n) \begin{bmatrix} r_{11} & r_{12} & \cdots & r_{1m} \\ r_{21} & r_{22} & \cdots & r_{2m} \\ \vdots & \vdots & \ddots & \vdots \\ r_{n1} & r_{n2} & \cdots & r_{nm} \end{bmatrix} \quad (10)$$

(2) 综合评价结果

B 是一行 m 列的矩阵,可表示为$(b_1, b_2, \cdots, b_m)$,即为对评价因素综合评价的结果。模糊综合评价法应用到数字图书馆生态链的协调运行结果时,通过上述模型,可以获得各个评价的一级指标的综合评价结果,分别表述为

$$\begin{aligned} B^1 &= (b_1^1, b_2^1, \cdots, b_m^1) \\ B^2 &= (b_1^2, b_2^2, \cdots, b_m^2) \\ &\vdots \\ B^i &= (b_1^i, b_2^i, \cdots, b_m^i) \end{aligned} \quad (11)$$

(3) 评价结果分析及应用

评价数字图书馆生态链的协调运行度是判断该链是否需要优化的有效手段之一。通常情况下,我们不需要计算整链的协调运行度,因为整链的协调运行度只与其他同类链进行协调度对比时才有一定的实际意义;对于单链的协调运行情况,我们只需要查看各一级指标的综合向量分值,查看其隶属度结果,即可确定需要优化的选项。

如式(11)所示

$$\begin{aligned} B^1 &= (b_1^1, b_2^1, \cdots, b_m^1) \\ B^2 &= (b_1^2, b_2^2, \cdots, b_m^2) \end{aligned}$$

$$\vdots$$
$$B^i = (b_1^i, b_2^i, \cdots, b_m^i)$$

将 b_m^1 隶属度设置为"优秀、良好、中等、差"四个等级,其中的最大值即为其隶属度。

当 B^i 为优秀时,则该项不需要优化;

当 B^i 为良好时,则该项既可以选择优化,也可以选择暂时不优化;

当 B^i 为中等及以下时,则该项需要优化。

当出现多项因素需要优化时,在条件不允许的情况下,可以分别计算 $B^1 \sim B^i$ 的值,选取其中的最大值的项进行优化。

5.2 数字图书馆生态链运行不协调原因的分析方法

对数字图书馆生态链的协调运行进行优化,首先查找运行不协调的主要原因。导致运行不协调的原因有多种,我们面对这些原因要进行科学的分析、诊断,找出问题的主要原因,根据现有的条件选择性地进行优化。下面利用鱼骨图分析法来查找导致数字图书馆生态链运行不协调的主要原因。

5.2.1 鱼骨图分析法的原理及意义

(1) 鱼骨图分析法的原理

鱼骨图分析法由日本管理大师石川馨先生发明,故又名石川图,该方法主要用于查找问题的"根本原因"。在制作鱼骨图时,通常将面临的问题标在"鱼头"外,按照产生问题的原因的概率大小依次将其列在鱼骨上,类似长出的鱼刺,最终形成一个层次分明、逻辑关系清晰的问题分析图,也被称为"Ishikawa"或者"因果图",其特点是简捷实用,深入直观。

(2) 选择鱼骨图分析法的原因

导致数字图书馆生态链不协调运行的问题很多,每种问题产生的原因不同,需要对每种问题采取剔除鱼刺的方式逐一剔除。鱼骨图分析法可以清晰地显示问题产生的原因。根据原因的严重性可分为主要原因和次要原因;根据原因产生的根源可分为直接原因和间接原因等。利用鱼骨图对数字图书馆生态链不协调运行的原因依次进行分析,可方便问题的查找,使优化更具有针对性。

5.2.2 实施过程

本研究借助鱼骨图分析数字图书馆生态链运行不协调的原因,适用原因型的鱼骨图方法。具体使用步骤如下:

(1) 查找要解决的问题

本研究要解决的问题是数字图书馆生态链运行不协调的原因,这个问题便是鱼骨的头部。

(2) 运用头脑风暴法查找原因

头脑风暴法是由美国纽约广告公司的创始人奥斯本提出来的,其原始目的是希望用集思广益的方式,在短时间内产生联想作用。因此,该方法也被称为"集体思考法"或者"智力激励法"。

第一步:组织者做好前期准备工作

前期准备工作是头脑风暴法的重要部分,包括数字图书馆生态链运行现状报告、专家工作日程表、调查问卷的设计等。

第二步:邀请专家

按照问题的领域,邀请各方面专家 5—8 名,性别、年龄不受限制。

第三步:开会讨论

请专家在很短的时间内以会议的形式就事先拟定的问题进行讨论。本研究中是结合数字图书馆生态链协调运行标志及影响数字图书馆生态链协调运行的影响因素进行有针对性的讨论。针对不协调运行现状,查找具体的影响因素,探讨产生的原因,再问为什么产生。至少深入3—5个层次(连续问3—5个问题)[①],直到认为穷尽则终止原因的查找。在讨论的过程中,大家可以畅所欲言,不允许中途打断对方的思路和谈话。每个专家可以针对发现的某一问题,从不同的角度进行全方位的分析,提出自己的理解和不同的解决方案。专家们可以发表不同的观念,不需要对这些观点进行全面的解释和评价。

(3)总结专家们查找出的原因

数字图书馆生态链运行不协调的可能影响因素按照出现的概率大小依次列出来。每个影响因素中包括的可能因素越多越好,然后进行分类,总结出主要的原因。

(4)分析影响因素

将影响因素逐一分析,分别画出原因型鱼骨图,最后进行综合,绘制出总的原因图。

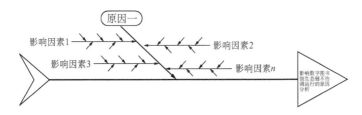

图5.1 数字图书馆生态链不协调运行原因型鱼骨图(一)

---

① 苏启训.鱼骨图分析法在中职汽车空调课程中的应用[J].林区教学,2012(4):12-13.

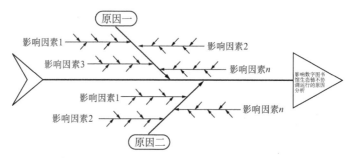

图 5.2 数字图书馆生态链不协调运行原因型鱼骨图(二)

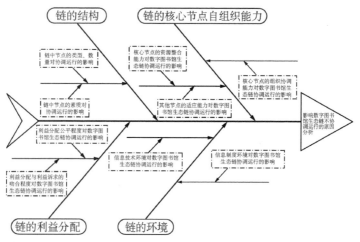

图 5.3 数字图书馆生态链不协调运行原因型鱼骨图(三)

(5) 进行鱼骨图原因分析

要想对鱼骨图分析法应用得当,必须对查找的问题进行逐一分析,找出每个问题产生的具体原因。然后对原因再进行综合性分析,直到找到问题的根源所在。

5.3 数字图书馆生态链协调运行的优化策略

5.3.1 针对数字图书馆生态链结构问题的优化策略

根据数字图书馆生态链基础理论,链的规模大小及节点之间的相互关系决定链的结构。链的结构对链上信息供需匹配程度、链中无序竞争情况、链上主体分工合作程度以及主体关系和谐度等均产生正向影响关系。在数字图书馆生态链中,对链的协调运行产生影响的结构因素主要表现为节点的类型、数量以及链中各节点的信息素质。

(1) 合理控制链上节点的类型和数量

节点的类型越多,分工就越精细,链的长度随之增长,则其信息生态位变窄。分工的精细化虽然可以提高信息产品的质量,但是如果链的长度过长,中间环节过多,那么一旦中间某个环节出现问题,就容易影响信息流转的速度,甚至导致断链现象的发生。国家或者行业机构要对信息生产者进行统一的规划与管理,采取合理的监管与指导;数字图书馆在选择信息生产者时也要根据本馆需求进行类型上的控制。

节点的数量越多,表示具有同一功能的节点数量越多,链的宽度则会增加。但具有同一功能的信息生产者数量过多,则会在信息生产者之间产生恶性竞争。信息用户过多,而传递者节点的信息资源不足,会导致信息用户对资源的无序竞争。因此,合理控制节点的数量才能保证链的结构稳定。

(2) 提升各节点的信息素质

① 提升信息服务商的节点信息素质可以从充分了解用户需求、提升自身的服务能力以及增强其自身的适应能力等三方面进行。

a) 充分了解用户需求

用户需求是信息服务商组织各种信息的基础,信息服务商可以结合数字图书馆运行数据库、用户数据库等了解用户的信息需求。如综合性高校数字图书馆拥有的信息用户数量较多,专业、学历层次不同,对信息的需求差异性较大。据上海高校2017年电子资源使用情况调查显示[①],理工科类高校购买外文数据库的意愿略高于文科类高校。信息需求是信息流转的基础,在数字图书馆环境中,用户信息需求行为存在一定的规律[②]。信息需求的分析应建立在对用户的信息行为及信息需求分析的基础上。

b) 提升自身的服务能力

信息服务商的协作能力很大程度体现在信息服务商的服务能力上。信息服务商的服务能力主要从解决用户实际问题的响应速度、解决实际问题的效果以及提供的相关附加服务等来体现。信息服务商通过数字图书馆生态链协调服务平台,可了解数字图书馆和信息用户的线上要求,能够实现快速反应,及时处理协调运行中的问题。如在外文数据库试用期间,信息用户经常因为语言障碍产生对数据库使用不当等问题,通过线上咨询,可以很及时地发现问题,并得到解决方案,信息服务商对问题的响应速度和解决效果都得到了很大提升。

c) 增强自身的适应能力

在现行体制下,信息服务商要理解数字图书馆成本控制的需求;要和数字图书馆一起关注信息用户的信息利用情况,通过数据库检索次数、下载次数等来帮助数字图书馆了解数据库使用情况;通过分析用户的信息需求,为产品的销售与后期服务打下良好的基础。同时,信息服务商可以根据信息用户的需求来调整服务策

---

① 上海市高校图工委.2017年上海高校图书馆发展报告[Z],2017:90-95.
② 杨吕乐,张敏.数字图书馆用户采纳行为研究综述:知识体系与热点分析[J].图书馆学研究,2018(6):9-16.

略,增强自身的适应能力。

② 提升数字图书馆的节点素质主要从提升数字图书馆选择合作伙伴的能力以及提升数字图书馆核心部门工作人员的信息能力两个方面进行。

a) 提升数字图书馆选择合作伙伴的能力

信息用户是伴随着数字图书馆的服务产生的,不需要数字图书馆进行过多的选择。而数字图书馆节点上的信息资源大多是通过向信息服务商购买获得的,因此,选择合适的信息服务商至关重要。即要求信息服务商能够提供数字图书馆需要的信息产品;信息服务商提供的信息产品价格合理,并在数字图书馆能够接受的范围内。信息服务商的生产能力、产品质量以及服务能力是反映信息生产者节点素质的主要指标。信息服务商的生产能力包括生产资质等级、注册资金大小、人才数量多少、产品的质量和数量、技术设备等。通过协调平台中的产品子系统,数字图书馆能够了解到信息服务商生产、销售及服务能力的相关信息,为选择合适的信息服务商提供了依据。

b) 提升数字图书馆核心部门工作人员的信息能力

通常情况下,数字资源部、信息技术部和参考咨询部是数字图书馆节点的核心部门。数字资源部负责了解信息用户的需求,为信息用户去寻找最合适的资源,实现最佳的信息流转效果。信息技术部要广泛学习计算机应用知识,利用平台的数据为数字资源部提供数据分析,提高数字资源购买的决策水平。参考咨询部是信息用户的信息导航人,扮演着至关重要的角色。在信息爆炸的时代,用户面临着海量的数据和信息,如何从中筛选出有价值、准确且符合需求的信息成为一大挑战,因此,提升参考咨询部工作人员的信息素养十分重要。

③ 信息用户的节点素质主要是指其信息素养能力,包括信息认知能力、信息技术使用能力、信息道德素养等。用户的信息认知

能力越高,其可获得的信息资源就越多;用户信息技术使用能力越强,其使用信息的效率越高;用户具备良好的信息道德,才会争取用所获取的知识服务社会。信息用户信息素养能力强的具体表现为信息检索能力和信息利用能力强。一方面,数字图书馆可以开展专题性检索知识培训,帮助信息用户提升自己的信息检索能力,另一方面,信息用户也要主动提升自己的信息使用能力。信息用户的信息道德素养是信息利用的安全保证。

a）积极参加专题性检索知识培训

随着数字图书馆门户建设的发展,用户可以方便地通过检索平台查找文献,甚至不需要进行专业检索知识培训就能达到简单检索的目的。但是,由于信息增长速度快,通过简单检索会检索到海量的类似信息,用户无法判断信息质量的好坏,要快速浏览这些海量信息,并寻找到与自己需求有关联性的信息就需要运用到高级信息检索知识[1]。数字图书馆可开展有针对性的检索培训,如对教师及科研用户,培养目标以应用性为主,可重点培训对数据库的综合使用技能,包括引文索引、工程索引、期刊引证报告等详细内容。对学生用户,培训目标定为以适用性为主,内容包括了解数字图书馆的资源内容、数据库的特点及使用方法、个人文献管理软件的使用、互联网免费学术资源的检索与利用、写作与科研的前期调研工作、常见学术论文写作规范等。学校也要重视对信息用户的信息素养教育,将信息素养教育与学生的培养计划相结合,将信息素养教育嵌入到教学与实践之中,方可收到良好的效果。提升信息用户的检索能力可以帮助信息快速流转,并转化为信息用户的知识。

b）拓展信息浏览范围

信息用户不仅可以了解本馆的数字资源,还可以通过信息服

---

① 杨秋宇,刘佳佳.新媒体时代高校图书馆用户信息素质教育的路径探究[J].中国管理信息化,2016,19(16):231-232.

务商系统,了解出版类的相关信息,了解知识的前沿动态;查看平台上其他信息用户的行为数据;利用平台中的用户咨询系统,帮助自己发现新的信息。

c) 提升信息技术能力

充分利用相关信息软件,提升信息管理能力。如 CNKI 数据库平台推出了个人图书馆管理系统,为信息用户提供个性化的资源检索和信息资源管理。信息用户要会利用数字图书馆提供的多种信息获取方式,如通过手机、IPAD、远程 PC 机等来获取资源,但是这些都需要信息用户有一定的信息技术能力,能够实现与数字图书馆的连接。

d) 加强信息法规和信息道德修养

我国已经进入法治社会,社会是依法讲法的、是有法律制度的,因此,用户要加强对信息法律法规的学习与了解,要依法使用和传播信息[①],杜绝非法或者是恶意使用信息的行为。数字图书馆可以利用主页开展信息法律法规的宣传活动,也可以针对用户进行有关知识产权、互联网著作权行政保护办法等专题讲座,增加用户的信息法制和信息道德知识,增强对非法有害信息的抵御能力,加强信息安全意识。

5.3.2 针对数字图书馆生态链核心节点自组织能力的优化

数字图书馆生态链的核心节点是数字图书馆。数字图书馆节点的自组织能力是指数字图书馆的资源整合能力与组织协调能力。

(1) 提升核心节点对馆藏信息资源的整合能力

数字图书馆的资源整合能力包括对馆藏信息资源的整合能力

---

① 全国出版专业职业资格考试办公室.有关出版的法律法规选编[M].郑州:大象出版社,2012.

与对信息用户需求的整合能力。具体的优化策略如下。

① 合理选择数字资源

数字图书馆既要选择质量高的数字产品,更要选择符合信息用户需求的数字产品。数字产品的质量可以从数字信息的有效行、合法性、可用性、产品价格的合理性等方面来进行考量。数字图书馆在选择数字资源时一般会对数字资源进行两次评价,在购买前进行一次以产品质量和需求为主要目的的评价,在购买后进行数字资源使用绩效的评价。对数字资源的评价,一直是数字图书馆界关注的问题之一。当数字资源变成产品时,我们称为数字文献。对于数字文献的选择和评价,一直没有统一的标准。教育部高校图书工作委员会于2007年颁布了《普通高等学校图书馆馆藏评价指南》,明确规定数字文献评价分为两个部分,即数字文献基本情况评价和绩效评价。数字文献基本评价的一级指标为数字文献内容、检索系统及功能、访问性能、供应商服务、试用情况、价格因素、存档。这七个一级指标中电子文献内容、检索系统及功能、访问性能能反映电子文献的产品质量,试用情况能够在一定程度上反映出电子文献的需求,但是缺乏与购买文献的目的相关的评价指标。因此,在进行电子文献购买前时,要综合考虑实际情况,调整评价指标,增加符合实际情况的评价指标,并对各评价指标进行权重赋值。如有些古籍类电子特色文献,购买的目的是收藏、整理,即使试用效果不理想,只要产品质量好,也是购买的对象;又如为服务于学校的"双一流"建设学科,一些工科学科需要外文数据库,尽管价格十分昂贵,也要筹集专项经费进行购买。

② 多渠道获取数字资源

在信息化日趋成熟、电子资源购买经费紧张,而用户信息需求多样化的背景下,数字图书馆单靠购买的数字资源远远不能满足信息用户的需求,因此必须多渠道开展数字资源建设。

③ 整合共建共享资源

为解决中小数字图书馆资源建设不足、人员素质不高等问题,国家广泛推广数字图书馆联盟工程,实现区域内或者同行业内数字图书馆的业务协作和资源共享,实现信息资源的优化配置,联合开展各种信息服务。通过远程服务、联合采购和文献传递、搭建"数字资源云业务平台"等多种方式,开展共建共享协调活动,为信息用户提供延伸性服务。

④ 开发利用开放获取资源

收集、整理开放获取资源(OA)。OA 是一种免费使用的电子论文。OA 资源中的电子论文经过同行的评审,但尚处于未发表的状态,因此,可以以网络化的方式提前免费使用。OA 期刊质量高、数量多,目前在全球范围内使用面较为广泛[①]。在我国,尽管各高校数字图书馆都重视对开放获取资源的推荐与使用,但由于约 80% 的电子文献是外文电子期刊,对很多信息用户而言,难以达到充分利用的程度,因此,数字图书馆要根据自身的发展需要,对 OA 资源进行收集、分类、翻译、整理,形成新的文献资源,方便信息用户使用。几种典型的开放获取期刊如表 5.5 所示。

表 5.5　几种典型的 OA 文献举例

期刊名称	国家	期刊说明
电子期刊数据库 EZB	德国	EZB 数据库共收录电子期刊约 4.46 万种,约 2.2 万种开放期刊,提供免费全文浏览
DOAJ	瑞典	收录开放期刊 4 993 种,学科门类较齐全
HighWire Press	美国	现已收录电子期刊 710 多种,提供免费全文浏览

---

① 阮伟娟. "CS+OA+SC+NR"专业性数字资源建设模式的思考与探索[J]. 图书馆学研究,2013(15):45-49.

(续表)

期刊名称	国家	期刊说明
Open J-Gate	美国	可提供免费检索和全文链接服务的期刊超过4 000种
BioMed Central	美国	可提供165种生物学和医学开放存取期刊

⑤ 构建特色电子馆藏

特色馆藏建设是数字图书馆馆藏资源建设的一个很重要的组成部分,高校数字图书馆在近些年逐渐开展了这方面的工作。从文献类型来看,既有纸质文献的数字化资源,如将珍贵的古籍、善本、手稿等转化为电子版本,以便读者在线查阅,也有电子图书与期刊的收录,如将特定主题的电子图书和电子期刊作为专题资源进行收集、整理,使读者能够快速获取所需信息。从文献内容上看,既有地方文献(方志)资源,也有本校师生成果库、学位论文库以及各种专题数据平台等。构建特色电子馆藏,既可以丰富和展示本馆特色,更能促进学校的学科发展。

⑥ 筛选有价值的网络链接

除通过开放获取的形式提供给信息用户丰富的国外免费资源外,国内也有很多有价值的网站可以为信息用户提供免费的信息资源。数字图书馆应认真选择适合本馆信息用户使用的网站,来增加信息用户的资源使用量。如高校数字图书馆可以给出与本校有合作的出版社、相关就业网站、教育部网站等的链接,方便信息用户访问。

⑦ 合理揭示数字资源

优化数字图书馆服务平台。将用户数据、文献资产数据、运行数据与事实数据汇聚在一个服务系统中,可以大大增加整链的信息资源,这不仅仅是三个不同节点信息资源的叠加。各节点连接的方式、各节点内部的信息活动以及节点与节点之间的信息沟通等更将成为协调服务平台中新的信息。在这里,各节点不仅能够了解本节点的资源,还能够了解链上其他节点的信息资源,这在一定程度上增加了各节点的信息资源。链上信息资源越丰富,越能促进链上协调活动的持续性和稳定性。

数字资源的揭示工作是数字图书馆整合的资源的具体体现。让信息用户快速便利地获取信息资源是评价数字图书馆协调运行效果的一项重要指标。数字图书馆服务系统门户是揭示数字资源的平台,必须能实现跨库检索,并能实现资源的关联。利用数字信息技术对信息内容做好分词切分,将文献细分,实现知识检索,并积极引入人工智能,实现语义理解。针对数据库传播渠道单一、只是将纸质资源转化为数字存储的不足,要提供多种格式的数字资源,包括文字、图像、音视频、AR/VR等,做到全媒体聚合,并适配多种阅读终端,实现在电脑、手机、电视、PAD和大屏幕展示终端的全方位利用。

⑧ 开展信息用户的资源需求调查

用户的信息需求是数字图书馆信息服务的基础,开展用户信息需求调研是数字图书馆了解读者信息需求最常用的一种方式,但是调研一般是按照调研提纲开展的,调研提纲设计的完整性、调研对象选择的普适性以及对调研数据的分析水平都在一定程度上影响着调研结果的准确性。因此,了解用户信息需求还需要引进多种方式。

⑨ 搭建信息用户沟通平台

在自媒体、新媒体时代,用户的信息行为发生了很大变化,信息用户习惯利用社交媒体进行沟通。因此,数字图书馆可以建立用户数据管理系统(如图 5.4),将数字图书馆的数据管理平台与社交平台进行融合,开放读者数据,同步一卡通,实现与信息用户的深层次交流。周佳莹、娄策群等对数字化环境下高校图书馆用户的信息行为进行了调查分析,发现用户的信息需求与用户的需求目的、信息获取行为及信息吸收利用行为等存在密切的关系。信息需求分为深层需求、中层需求和表层需求[①]。信息用户的需求行为存在一定的共性特征,也有一定的差异性。因此,利用数据分析和信息挖掘的方式,搜索、聚集、挖掘信息用户行为,可以有效获取信息用户的真实信息需求,为主动开展信息资源推送工作提供了有效的依据,提高了数字图书馆的服务能力。

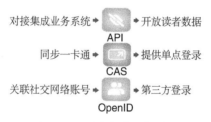

图 5.4　用户数据管理系统图

(2) 提升数字图书馆的组织协调能力

提升数字图书馆的组织协调能力主要从两个方面进行,一是做好数字图书馆生态链链内管理主体之间的协调。二是做好链内管理主体与链外管理主体之间的协调。

① 链内管理主体之间的协调

数字图书馆生态链主体与节点之间或主体与主体之间需要协调的方面较多,并且涉及的都是数字图书馆的一些具体工作,概括起来主要有以下方面。第一,组织与策划协调。数字图书馆生态链中的任何一个协调活动的开展,都必须依靠一定的管理组织来进行策划、组织和具体实施,因此,确定管理主体的职权和地位是

---

① 周佳莹,娄策群.数字化环境下高校图书馆用户信息行为分析[J].图书馆学研究,2018(8):55-59.

一项首要的工作。按照管理学的原理,任何一个管理组织中必然会有高层管理者、中层管理者和基层管理者。在政府主导型数字图书馆生态链中,政府是绝对的领导者,办公室对政府负责并接受政府的指导和监督。办公室成员的具体分工由办公室主任和副主任协商安排。政府任命一名官员担任办公室主任,依托的实体图书馆指派一名馆长或者是副馆长担任办公室副主任。按照链上节点参与主体的比例,再选择若干代表参与办公室的其他工作。办公室按照数字图书馆生态链信息流转过程需要设置不同的业务管理部门,协调各节点之间的关系。第二,运行与过程协调。数字图书馆生态链协调管理实施过程中,核心节点主体对运行环节的把握、对过程的监控,是做好核心节点间协调的关键。因此,必须围绕协调建立事关全局的运行机制,按照各节点(主体)的职责与分工,抓好过程的监督与控制,形成步调一致、合作共赢、协调发展的协调管理体系。第三,服务与需求协调。数字图书馆生态链所做的一切协调工作,都是为了最大限度地满足用户的需求,提供优质的服务,提高数字图书馆的整体效益。要按照统一的要求,各节点(主体)结合自身的实际做好需求调研,及时进行交流与沟通,做好相关的协调工作,提供高效优质的服务。

② 链内管理主体与链外管理主体之间的协调

这种协调主要是指数字图书馆生态链协调管理的主体与政府主导型主体、市场主导型主体等链外主体间的协调。

从核心节点与政府主导型的联系来看,政府主导型的一个突出特点就是以政策法规为导向,以宏观管理和控制为手段,依托一个实体的数字图书馆来具体实施主张。因此,其协调的主要内容有以下方面。第一,注意主辅协调。政府主导型主体与核心节点主体之间是一种主辅关系,即政府为主,核心节点为辅。政府是政策法规保障体系的决策者,核心节点主体是执行者,因此,首先要从决策和执行上做好协调,也就是既要充分发挥政府的宏观管理职能,又要重视核心节点的具体实施过程,形成政策法规与实施结伴而行,保证主辅之间上下一致、配合默契。第二,要求与自身特点协调。数字图书馆生态链协调管理中,不同的管理者有不同的要求。政府主要是从宏观上按统一的要求进行决策和管理,而核心节点数字图书馆属于微观范畴,如何处理好宏观控制与微观管理的关系,既要贯彻落实政府的宏观政策,又要形成数字图书馆自身的特色,这些只有通过有效的协调才能实现。第三,组织结构与职能型结构协调。政府主导型是依托核心节点中的核心种群实施协调管理活动,其组织结构与核心节点的职能型结构管理模式如何衔接,同样需要进行协调。一方面,从管理上,核心节点的职能型管理模式必须与政府主体的组织结构配套,形成协调一致的运行机制;另一方面,从实施上,核心节点主体应在政府主体的统一规范下进行,只有在政府主体的指导下,职能型的管理模式才能够充分发挥专业化分工的优势,更有效地提升协调管理的整体水平。

从核心节点与市场主导型主体的联系看,主要是指导与落实的协调。为了实现两者的协调作用,有必要建立一种机制,对核心节点主体以及市场主导型主体的行为加以规范。首先,就市场主导型主体而言,应支持协调工作,提高市场研究质量,雇用更高素质的人员,平衡长短期需求,遵循市场规律为数字图书馆生态链协调管理提供有价值的指导,尤其是业务和技术的指导。要理解市场创新的重要性,鼓励大规模的信息交流,优化组织结构,改变人事政策,增加资源投入,以支持核心节点主体的合作研究,使相互之间得到更好的理解。就核心节点主体来说,要认真领会市场主导主体丰富的指导内涵,充分认识市场的主导价值,对市场需求更加敏感,形成协调管理的良性循环机制。其次是学会、专业委员会及信息管理委员会与核心节点主体间的资源协调,既可以增强自身的信息资源建设、收集和传递能力,又可实现链内外资源的共享。每个信息传递者都拥有各自的数字资源、技术和人才,如何共建共享各自的资源,必须通过协调解决。

数字图书馆是一个数字信息生态系统,除了具有自组织能力,还具备一定的修复能力。在数字图书馆生态链的运行过程中,短暂的断链、中断等现象可以通过自身的修复能力恢复数字图书馆生态链的协调运行。自然界中的生态修复能力是指利用生态系统的自我调节能力与自组织能力使遭到破坏的生态系统朝着有序的方向进行演化[①]。数字图书馆的修复能力是指依靠数字图书馆运行系统的自我调节能力与自组织能力,借助一定的人工措施,使暂时遭到破坏的系统逐步恢复。数字图书馆的修复能力越强,链的稳定性就越好,信息流转和使用的效果就越好。如当数字图书馆的硬件设施遇到故障时,会暂时出现信息流转中断的现象,一旦排除设施故障,数字图书馆系统带有的备份功能会自动恢复系统到故障前状态。又如通常数字图书馆都自备有发电设施,一旦遇到停电,则会自动启用发电设施,保证数字图书馆的正常运行。

5.3.3 针对数字图书馆生态链的节点利益分配的优化

数字图书馆生态链上的不同节点对利益的目标值与其参与节点协调运行的目的是一致的。信息生产者基于经济利益或者社会利益参与链上的信息生产活动;数字图书馆自身具有传承和传播信息资源和社会文化的功能,素质利益、社会利益和形象利益是数字图书馆的根本利益;信息用户是数字图书馆的服务对象,是为了获取和转化信息而参与链上的信息流转活动,通过转化知识而获得素质利益。只有满足链上各节点的利益需求,才能提高其参与协调运行的积极性。如果链上节点主体的利益得不到满足或者对利益分配不满意,则会降低参与链上协调活动的积极性或者离开

---

① http://www.baike.com/wiki/%E7%94%9F%E6%80%81%E4%BF%AE%E5%A4%8D

本链。因此,要正确看待节点利益分配,合理分配协调运行中产生的利益,并创新利益的分配方式,使利益分配程度与节点对利益的诉求程度相吻合。

(1) 正确看待节点利益分配

对于价值的分配问题,要从多个视角来看待,价值并非都能量化成价格或者金钱。在数字图书馆生态系统中,每个节点的主体分担着不同的角色,享有相应的权利与义务。信息在各个节点之间流转的过程中,得到了加工、整理和创新,各节点在信息流转过程中付出的劳动创造了新的价值,因此,信息流转能够在一定程度上发生价值增值[①]。也有学者提出,共享价值增值是数字图书馆价值增值的另外一种表现形式。共享价值是在信息生态链运行中,由各种信息人共同创造,通过一定方式分配后实现的一种价值[②]。例如数字图书馆、信息服务商以及信息用户共同参与信息选择,该过程中,各自都能实现自我价值增值[③]。数字图书馆可以将纸本图书采访数据库与电子图书数据库进行合并,对于有电子版本的图书,图书馆可以减少复本,在对新书进行文献编目时,增加电子图书信息的检索信息字段,方便读者进行电子文献的检索和借阅。图书馆因此可以节约纸质文献采访经费,相当于增加了数字图书馆的经济效应。读者可以在信息服务商提供的书目信息库中查看书目信息,如果找到所需要的书目信息,则进行馆藏信息查询,如果该文献馆藏信息为0,可以推荐订购,一旦经数字图书馆采访系统审核通过,该文献就订购成功。信息服务商可以提前将电子版图书传递给信息用户,这加快了信息用户的信息获取速度,信息用

---

① 任宁宁.数字图书馆版权利益平衡机制研究[M].北京:经济管理出版社,2013:88-89.

② 吴书舟.数字文献运行的经济学思考:数字图书馆双重主体的假设[J].情报探索,2014(7):5-8.

③ 肖希明.用户参与图书馆资源建设研究的开拓与引领:评《社会网络环境下用户参与的图书馆数字信息资源建设模式研究》[J].新世纪图书馆,2016(5):95-96.

户满意度增加。作为信息服务商,联合进行文献采访,可以更好地了解信息用户的需求,同时增加了销售量,信息服务商可以从中获得经济效益与社会效益。如京东电子图书供应商因为其丰富的电子图书资源及良好的电子资源使用效果,得到社会的好评。

(2) 合理分配协调运行中产生的利益

数字图书馆生态链中的所有节点都是整个链上的利益相关者,只有进行合理的价值分配,才能保证链上各个节点的利益。根据价值链中的价值组织体系在价值的实现与创造过程中的实际作用,也可以将价值链中的组织分为核心价值组织和辅助价值组织。数字图书馆生态链上的核心价值组织在利益分配上应该占据主导地位,对于辅助价值组织可以在数据的使用平等上给予最大的倾斜。

(3) 创新利益分配方式

① 按照贡献大小分配

樊志伟等按照贡献大小,设计了基于角色的用户权限管理的利益分配方式,用以解决数字图书馆联盟中成员馆之间的利益分配问题。在数字图书馆联盟中,各个成员馆根据自己的贡献程度来享受使用资源的权利,这种系统权利分配办法是将各个节点数字图书馆按照不同的分工分成不同的"角色",以"角色"为属性设置不同的访问权限[①]。在数字图书馆的生态系统中,角色是根据各节点所完成的特定任务而进行设置的,然后根据每个节点在链内实际承担的任务来进行角色的分配。在整个生态系统中,管理员对每个节点用户进行角色分配及管理,也可以进行筛选和剔除。

② 按照要素进行分配

从经济学的角度来看,按要素分配是一种公平的价值创造再分配方式。劳动本身是一种生产要素,故可以将劳动作为生产要

---

① 樊志伟,韩毅.图书馆危机管理中的用户角色分析及其应对策略研究[J].图书情报工作,2012,56(15):65-67.

素进行分配；劳动以外的生产要素所有者因为本身持有生产要素的所有权，即持有资本，是必然的参与分配对象；管理和知识产权类生产要素也可以参与分配。在一些联盟型的数字图书馆生态链中，如联合采购电子资源，可按照各自投入的资金来分配电子资源的使用权限。有些数字图书馆会联合自建数据库，则按照各主体投入的资金和劳动成本来分配所产生的利益。

(4) 降低服务成本

在数字图书馆生态链协调运行的过程中，节点通过降低服务成本来提升节点利益。如在面对数字资源价格不断上涨，信息用户对电子资源的需求不断增加的背景下，数字图书馆组建了数字图书馆联盟，由数字图书馆联盟作为代表与信息服务商签订合作协议，进行联合采购。通过联合购买，单个数字图书馆降低了电子资源的使用成本，信息服务商减少了服务成本，从而增加了经济效益。与此同时，更多的数字图书馆使用数据库，可以增大数据库的宣传力度，扩大社会影响力。

5.3.4　针对数字图书馆生态链网络信息环境的优化

网络信息技术环境与网络信息制度环境是影响数字图书馆协调运行的两个主要方面。网络技术环境是保证数字图书馆生态链协调运行的技术纽带。网络技术环境包括网络基础设施建设和信息化管理系统建设两个方面。网络技术是否先进直接影响数字图书馆生态链上的节点链接效果、信息沟通途径和信息流转渠道。网络信息制度是数字图书馆生态链信息流转效果强有力的政策保障。网络信息制度包括信息资源建设规划、数字资源购买资金预算、数字信息使用规范等。

(1) 优化网络信息技术

数字图书馆生态链的协调运行是通过一定的网络信息技术实现的，而网络信息技术必须建立在网络信息基础设施建设与管理上,只有有了一定的网络基础设施,关键性技术和核心设备才能发挥其应有的作用[①]。按照图书馆信息基础设施评估相关细则,我们可以从以下几个方面来优化网络信息技术。

① 加强无线网络覆盖硬件设施建设

随着硬件的发展,信息用户越来越不完全依赖图书馆的计算终端来获取信息,他们更多地利用手机终端来完成信息的检索与下载。一般高校计算机终端的数量在500台以上就基本上能够满足本校信息用户对计算机的需求。无线网络是信息用户获取信息资源的基本保障,读者服务区无线网覆盖率是判断校园网络设施是否达标的一个评价指标,通常校园网络覆盖率要达到95%以上,才能确保用户网络通畅,因此,应加强无线网络硬件设施的投入,加大数字信息的存储容量(指专用存储设备容量,不含普通服务器、计算机的硬盘容量),如能达到800 TB以上,则可以满足数字信息的存储要求。在资金条件许可的前提下,若能采用租用云存储的方式,则会提升无线网络的速度,加快信息的流转。

② 加强信息化业务集成系统建设

建设具有本馆特色的业务集成管理系统。业务集成管理系统是满足数字图书馆大部分或主要业务管理要求,由若干子系统构成的管理系统,包括采访、编目、流通、检索、咨询等基本模块或子系统,能够对数据库、图书、报刊和视听资源等普通文献进行兼容且运行正常,对数字图书馆各个业务环节均实现数字化统一管理。

(2)优化网络信息制度

良好的网络信息制度的表现形式为具有合法性、合理性以及良好的执行力。要达到上述目标,可以从以下几个方面入手。

---

① 张晋华.基于4G网络的高校图书馆移动阅读推广服务体系构建研究[J].图书馆学刊,2016,38(7):87-89.

① 制定和完善数字图书馆的相关法规或条例

近年来国家已经出台的有关信息管理的法律法规有《中华人民共和国著作权法》《中华人民共和国国家通用语言文字法》《出版管理条例》《音像制品管理条例》《计算机软件保护条例》《互联网信息服务管理办法》《著作权集体管理条例》《信息网络传播权保护条例》等。对于在发展过程出现的相关案件国家也进行了积极受理，并以法规条文的方式进行了解释，如《最高人民法院关于审理非法出版物刑事案件具体应用法律若干问题的解释》《最高人民法院关于审理著作权民事纠纷案件适用法律若干问题的解释》《最高人民法院、最高人民检察院关于办理侵犯知识产权刑事案件具体应用法律若干问题的解释》（一）、《最高人民法院、最高人民检察院关于办理侵犯知识产权刑事案件具体应用法律若干问题的解释》（二）等。随着信息时代的发展，数字图书馆在建设的过程中依然会遇到与现有法律、法规冲突的问题，需要不断地完善和修订与数字图书馆工作相关的法规或条例，如古籍文献、地方文献、民国文献及其他各种特藏文献的数字化建设是一项国家文化建设工程，在纸本文献的收集、整理和揭示过程中是依据文化和旅游部行业标准《图书馆古籍特藏书库基本要求》（WH/T24—2006）执行的，目前还没有一个专门的文献收集、整理标准。

② 严格按照数字图书馆"十三五"规划实施方案实施数字图书馆建设

实施方案也可以称为实施细则或者年度实施计划。在该实施计划中要明确数字图书馆建设中的经费保障问题。对于财政拨付的电子文献购置费、运行费、人员经费、专项经费等进行分类规划，做到细目清晰、结构合理。对年文献购置费、年文献购置费增长率要进行详细核算，提出合理化建议。

③ 将数字信息建设纳入当地政府主管部门议事日程

数字图书馆建设的人员、资源、运行等经费纳入政府财政预算,要将数字图书馆信息建设的专项计划列入专门预算。确保资金到位顺畅。

5.4 本章小结

本章首先利用模糊综合评价法对数字图书馆生态链协调运行度进行测评,提出测评的一级指标为信息供需匹配程度、链中无序竞争状况、主体分工协作合理程度、主体关系和谐状况等四个方面,根据实际工作的情况,结合第三章、第四章的相关研究理论,确定各一级指标对应的二级指标,利用模糊综合评价法得出具体的测评结果。接着利用鱼骨图分析法,通过专家小组,利用头脑风暴法,找出链不协调运行的原因。最后针对链的结构、链的自组织能力、链的利益分配以及链的网络信息环境四个主要方面提出了具体的优化方略。

第六章 数字图书馆生态链协调运行案例分析

在进行本研究的过程中,笔者调研了2017年上海市高校电子文献利用现状,考察了湖北省属高校17座数字图书馆生态链的运行现状,重点访谈了"数字图书馆生态链协调运行的标志"及"数字图书馆生态链协调运行的主要影响因素"等问题。本章以H大学数字图书馆生态链协调运行为例,对照数字图书馆生态链协调运行的标志,利用相关评价方法,对H大学数字图书馆生态链协调运行度进行评价,运用鱼骨头分析查找其运行不协调的主要原因,针对具体问题提出相应的优化策略,目的是验证本研究提出的理论观点的正确性和方法的可行性。

6.1 H大学数字图书馆生态链概况

6.1.1 H大学数字图书馆生态链的结构

H大学数字图书馆生态链是指以H大学数字图书馆为核心节点,由上游节点(数字信息生产者)及下游节点(数字信息利用者)通过信息流转而形成的链式流转的依存关系。

(1) H大学数字图书馆生态链核心节点(数字信息传递者)

H大学数字图书馆生态链的核心节点依托H大学图书馆,

由图书馆中与数字资源建设和服务相关的部门共同组建而成,是一个虚拟组织机构,包括图书馆办公室、资源建设部、信息服务部、技术支持部、特藏建设与学术研究部等。各部门之间分工明确并相互协作。H大学数字图书馆机构设置一览表如表6.1所示。

表6.1　H大学数字图书馆机构设置一览表①

部门	主要职能
办公室	协助馆长组织数字图书馆链协调活动
资源建设部	负责制定数字资源馆藏结构体系;负责全馆外文书刊和电子文献资源的采访等工作
信息服务部	负责读者咨询服务、文献传递等服务工作
技术支持部	负责数字图书馆计算机网络系统软、硬件的管理、维护及技术培训工作,保障系统运行正常;负责数字图书馆主页的制作、维护和更新工作
特藏建设与学术研究部	负责自建数据库的组织与建设工作

(2) H大学数字图书馆生态链上游节点(数字信息生产者)

H大学数字图书馆生态链的上游节点是指向数字图书馆提供数字资源的上游机构组织和个人。上游机构组织包括校外商业机构和校内相关院系。校外商业机构主要指能为数字图书馆提供数字产品的信息服务商,包括数据库商、电子图书供应商、电子期刊供应商、学习库供应商以及数字图书馆软件系统供应商等。校内相关院系指向数字图书馆提供电子文献资源的院系,个人主要指学位论文的作者。我们将数字图书馆生态链的上游节点统称为数字信息生产者。

---

① http://lib.yangtzeu.edu.cn/bggk/bmsz.htm.

(3) H大学数字图书馆生态链下游节点(数字信息利用者)

H大学数字图书馆信息生态链的下游节点即数字信息利用者,主要是由本校师生和校外其他信息用户构成,通常统称为读者。H大学现有有效读者45 372人。从读者的身份来分,有教师和学生;从读者的文化层次来分,有博士生、硕士生及本科生;从读者使用的语言来分,有汉语、英语、韩语、日语;从读者的属性来分,有本校读者和校外读者。总体而言,读者生态位较宽、种群多、数量大,因此,读者对信息的需求量大,需求内容存在较大的差异性。

根据H大学数字图书馆生态链的节点要素,可构建如图6.1所示的H大学数字图书馆生态链结构模型。

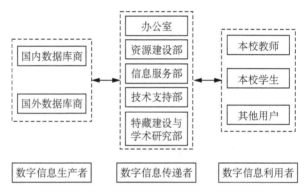

图6.1　H大学数字图书馆生态链结构模型

6.1.2　H大学数字图书馆生态链的运行现状

(1) 信息流转平台

H大学数字图书馆采用与H公司共同开发的信息管理平台进行信息流转。该平台是一个集信息采访、信息流转与读者服务于一体的供应链式管理服务平台,实行"总分馆制""借阅藏"一体化管理。总分馆制是指数字图书馆的资源采访、加工、分类、整合等工作由总馆进行集中管理,分馆在同一平台上提供相应的文献服务,网上资源全天候开放,人员、资金、技术等由总馆集中调配。

(2) 信息流转内容

H大学数字图书馆为满足读者的信息需求,在资金有限、数字资源费用上涨的情况下,多方筹措,积极建设本馆的数字资源。截至2018年,数字图书馆拥有磁盘阵列容量15TB,数字资源内容涵盖面较广,涉及文史类、理工类、管理类、医学类等学科门类。现有中外文数据库59个,其中中文数据库25个,外文数据库29个,自建数据库5个,此外还有电子图书135万册。为进一步拓展本馆的数字资源,数字图书馆积极引进试用数据库,近五年来共引进试用数据库42个,此外,数字图书馆还为读者提供免费电子资源,包括免费电子图书、免费检索、免费会议资料、免费检索标准、免费检索专利、免费科技报告检索、免费报纸信息检索等,使馆藏资源利用得到了延伸。H大学数字图书馆典型数字资源举例如表6.2所示。

表6.2 H大学数字图书馆的典型数字资源举例

资　　源	资源名称	类型
中文数据库	CNKI中国知网	期刊
	万方数据知识服务平台	期刊
	维普期刊资源整合服务平台	期刊
	中国数字图书馆	期刊
	Apabi电子图书	图书
	超星电子图书	图书

(续表)

资　源	资源名称	类型
外文数据库	ScienceDirect 外文电子图书和期刊数据库	期刊
	Emeraldinsight	期刊
	Science Online	期刊
	Web of Science	引文
	OCLC NetLibrary 外文电子图书数据库	期刊
	Springer 外文电子期刊数据库	期刊
	EBSCO 外文电子期刊数据库	期刊
	CALIS 外文期刊网	期刊
	IEEE 电子期刊	期刊
	Nature CALIS	期刊
	OCLC FirstSearch	期刊
	UMI PQDD 外文博硕士论文库	论文
试用数据库	NoteExpress 文献管理软件	软件
	Essential Science Indicators(ESI)	期刊
	AGU 期刊	期刊
	中联多媒体数字资源系统	综合
	泰克贝思多媒体数字资源系统	期刊
自建特色数据库	石油科学与技术数据库	综合
	湿地生态与农业利用数据库	综合
	荆楚文化研究数据库	综合

(续表)

资　源	资源名称	类型
文献传递平台	SpiScholar	综合
	Calis 平台	综合
	NSTL	综合
	超星百链	综合
	百度学术	综合
	新学术外文期刊	综合
免费资源	免费电子图书	图书
	免费检索	综合
	免费会议资料	综合
	石油高校文献资源共享平台	综合

自建数据库是H大学数字图书馆的特色资源。依托学校的特色专业建设、科研平台及科研团队，H大学数字图书馆自建了5个特色数据库。其中石油科学与技术数据库由H大学油气勘探开发试验教学中心负责构建，主要收集油气存储、油气地球化学、物探、测井、钻井、采油等6个重点实验室的重大科研成果；湿地生态与农业利用数据库由H大学农学院湖北省涝渍地开发工程技术研究中心负责构建，主要收集涝渍灾害与实地利用研究的重大科研成果；荆楚文化研究数据库由H大学文学院荆楚文化教研室负责构建，主要收集楚文化方面的研究成果，包括荆楚人物、荆楚历史、荆楚研究项目等4个子库。

（3）信息流转方式

H大学数字图书馆的信息流转方式主要有两种：本地镜像和远程访问。

本地镜像存放在 H 大学网络信息中心的私有云存储平台上，主要储存两类数据库：购买类数字资源和自建类数据库。数字图书馆通过购买的方式获得的数据库称为购买类数据库，通过自建的方式组建的数据库称为自建类数据库。用户通过访问本地镜像馆藏获取信息的速度较快，但是，数字馆藏数据量的日益增大，也给本地镜像数据存储带来了较大压力，随着中国互联网基础设施的日益完善，在线访问的质量越来越高，目前大多数的用户访问均基于在线访问，本地数据库镜像访问次数越来越少，只是作为一个数据备份。另一种数字馆藏方式是存放在信息服务商的云存储平台上，信息用户以远程访问的方式进行。远程访问能够减轻数字图书馆的数字馆藏压力，但是会收到数字资源储存方的制约，如果信息量太大，也会出现信息拥堵的问题。

6.2　H 大学数字图书馆生态链协调运行的协调度评价

采用模糊综合评价法对 H 大学数字图书馆生态链协调运行的协调度进行评价。

6.2.1　评价指标体系构建

依据本书第三章、第五章的研究成果，笔者将数字图书馆生态链协调运行的标志，即信息供求匹配、链中无无序竞争、主体分工协作、主体关系和谐作为评价的一级指标。

6.2.2　评价步骤

（1）设计问卷，并统计问卷的结果

本次评价中，一级指标和二级指标的选取及权重赋值均采用本表 5.2 的结果,笔者设计了《H 大学数字图书馆生态链协调运行度评价表》,面向数据库服务商、数字图书馆工作人员及读者共发放问卷 400 份,回收有效问卷 328 份。H 大学数字图书馆生态链协调运行度评价统计表如表 6.3 所示。

表 6.3 H 大学数字图书馆生态链协调运行度评价统计表

序号	一级指标	一级指标权重	二级指标	二级指标权重	优	良	中	差
1	信息供需匹配程度 U_1	0.28	信息类型需求匹配 U_{1-1}	0.38	62	72	185	9
			信息形式需求匹配 U_{1-2}	0.27	54	86	176	12
			信息质量需求匹配 U_{1-3}	0.35	79	42	199	8
2	链中无无序竞争 U_2	0.23	数据库服务商之间不存在恶意的价格竞争 U_{2-1}	0.31	55	58	192	23
			数据库服务商与数字图书馆间的价格博弈是合理的 U_{2-2}	0.33	85	78	157	8
			数字图书馆与信息用户之间不存在不合理的利益竞争 U_{2-3}	0.21	29	106	186	7
			数字信息用户之间不存在不合理的数字资源竞争 U_{2-4}	0.15	79	150	88	11
3	主体分工协作合理 U_3	0.25	数据库服务商与数字图书馆之间分工合理 U_{3-1}	0.43	113	153	49	13
			数字图书馆与信息用户之间分工合理 U_{2-1}	0.21	127	146	48	7
			数据库服务商、数字图书馆、信息用户之间协作良好 U_{3-2}	0.36	129	104	83	12

(续表)

序号	一级指标	一级指标权重	二级指标	二级指标权重	优	良	中	差
4	主体关系和谐 U_4	0.24	主体关系平等 U_{4-1}	0.43	66	127	125	10
			主体关系密切 U_{4-2}	0.26	48	136	137	7
			主体关系稳定 U_{4-3}	0.31	80	104	133	11

(2) 构建评价模型

采用模糊综合评价法,根据表 6.3 中针对 13 个二级评价指标按照"优、良、中、差"四个等级得到的问卷调查结果,设 U_1、U_2、U_3、U_4 的综合评价向量分别为 B^1、B^2、B^3、B^4,依据公式(1)

$$B = A \cdot R = (a_1, a_2, \cdots, a_n) \begin{bmatrix} r_{11} & r_{12} & \cdots & r_{1m} \\ r_{21} & r_{22} & \cdots & r_{2m} \\ \vdots & \vdots & \ddots & \vdots \\ r_{n1} & r_{n2} & \cdots & r_{nm} \end{bmatrix} \quad (1)$$

得到信息供需匹配程度 B^1、链中无无序竞争 B^2、主体分工协作合理 B^3、主体关系和谐等四个矩阵 B^4,计算出相应的综合向量分值

$$B^1 = (0.37, 0.27, 0.35) \begin{bmatrix} 0.19 & 0.22 & 0.56 & 0.03 \\ 0.16 & 0.26 & 0.54 & 0.04 \\ 0.24 & 0.13 & 0.61 & 0.02 \end{bmatrix}$$
$$= (0.20, 0.20, 0.57, 0.03) \quad (2)$$

$$B^2 = (0.31, 0.33, 0.21, 0.15) \begin{bmatrix} 0.17 & 0.18 & 0.59 & 0.07 \\ 0.26 & 0.24 & 0.48 & 0.02 \\ 0.09 & 0.32 & 0.57 & 0.02 \\ 0.24 & 0.46 & 0.27 & 0.03 \end{bmatrix}$$
$$= (0.19, 0.27, 0.50, 0.04) \quad (3)$$

$$B^3 = (0.43, 0.21, 0.36)\begin{bmatrix} 0.34 & 0.47 & 0.15 & 0.04 \\ 0.39 & 0.45 & 0.15 & 0.02 \\ 0.39 & 0.32 & 0.25 & 0.04 \end{bmatrix}$$
$$= (0.37, 0.41, 0.19, 0.03) \tag{4}$$

$$B^4 = (0.43, 0.26, 0.31)\begin{bmatrix} 0.20 & 0.39 & 0.38 & 0.03 \\ 0.15 & 0.41 & 0.42 & 0.02 \\ 0.24 & 0.32 & 0.41 & 0.03 \end{bmatrix}$$
$$= (0.20, 0.37, 0.40, 0.03) \tag{5}$$

根据以上计算,我们得到 H 大学数字图书馆生态链协调运行效果评价中四个维度的向量评价结果。H 大学数字图书馆生态链协调运行度评价向量表如表 6.4 所示。

表 6.4 H 大学数字图书馆生态链协调运行度评价向量表

序号	一级指标	一级指标权重	二级指标	二级指标权重	等级 优	等级 良	等级 中	等级 差	综合评价向量 优	综合评价向量 良	综合评价向量 中	综合评价向量 差
1	U_1	0.28	信息类型需求匹配	0.38	62	72	185	9	0.20	0.20	0.57	0.03
			信息形式需求匹配	0.27	54	86	176	2				
			信息质量需求匹配	0.35	79	42	199	8				
2	U_2	0.23	数据库服务商之间不存在恶意的价格竞争	0.31	55	58	192	3	0.19	0.27	0.50	0.04
			数据库服务商与数字图书馆间的价格博弈是合理的	0.33	85	78	157	8				

(续表)

序号	一级指标	一级指标权重	二级指标	二级指标权重	等级 优	等级 良	等级 中	等级 差	综合评价向量 优	综合评价向量 良	综合评价向量 中	综合评价向量 差
2	U_2	0.23	数字图书馆与信息用户之间不存在不合理的利益竞争	0.21	29	106	186	7	0.19	0.27	0.50	0.04
			数字信息用户之间不存在不合理的数字资源竞争	0.15	79	150	88	11				
3	U_3	0.25	数据库服务商与数字图书馆之间分工合理	0.43	113	153	49	3	0.37	0.41	0.19	0.03
			数字图书馆与信息用户之间分工合理	0.21	127	146	48	7				
			数据库服务商、数字图书馆、信息用户之间协作良好	0.36	83	104	12	129				
4	U_4	0.24	主体关系平等	0.43	66	127	125	10	0.20	0.37	0.40	0.03
			主体关系密切	0.26	48	136	137	7				
			主体关系稳定	0.31	80	104	133	11				

6.2.3 评价结果分析

按照综合向量评价值取最大值的原理和方法,得到如下结果:

1. 信息供需匹配程度(U_1)维度的综合评价向量总体评价为中等,对应的二级指标信息类型需求匹配、信息形式需求匹配评价为中等,需要进一步分析其原因并优化。

2. 链中无无序竞争(U_2)维度的综合评价向量总体评价为中

等,需要进一步分析其原因并优化。

3. 主体分工协作合理(U_3)维度的综合评价向量总体评价为良好,但是对应的二级指标项数据库服务商、数字图书馆、信息用户之间协作良好评价为差,要针对具体问题进行分析,并加以改进。

4. 主体关系和谐(U_4)维度的综合评价向量总体评价为中等,对应的二级指标项主体关系平等评价为良好,主体关系密切评价为中等,主体关系稳定评价为中等,故暂不进行优化。

6.3 H大学数字图书馆生态链运行不协调原因的鱼骨图分析

从H大学数字图书馆生态链协调运行的协调度评价结果可见,H大学数字图书馆生态链运行中出现了信息供需匹配程度不高、链中存在无序竞争的问题。为进一步了解产生这些问题的具体原因,数字图书馆办公室召开了专门会议,就数字图书馆生态链协调运行评价结果进行了讨论,大家认为有必要从多个角度对这些问题进行分析,并一致建议运用鱼骨图分析法。

6.3.1 鱼骨图分析过程

(1) 确定要解决的问题

运用鱼骨图分析法,分析H大学数字图书馆生态链信息供求匹配程度不高、链中存在无序竞争的原因。

(2) 操作流程

第一步,组织者做好前期准备工作

包括H大学数字图书馆生态链运行现状报告、专家工作日程表、调查问卷设计等。

第二步,邀请专家

按照查找出问题的领域邀请该方面的专家5名,性别、年龄没有限制。最终专家组由1名计算机专家、2名数字图书馆专家、1名数据库供应商及1名数字图书馆管理者组成。

第三步,开会讨论

按照事先拟定的条件邀请5名专家来到数字图书馆,在有限的时间内以会议的形式就事先拟定的问题进行讨论。专家们提出查看数字图书馆协调运行现状报告,考察数字图书馆服务情况。从系统中查看了该馆2018年1月1日至2018年12月30日的CNKI数据库使用情况,从下载内容的学科来看,工学、理学、管理学和文学下载量较大,其中工学达到了9 112万次,下载次数排在倒数的是艺术类、军事类。

表6.5 H大学中文数据库按学科分类统计下载次数表

机构名称	学科	下载次数(万次)	占比(%)
H大学	工学	9 112	31
H大学	理学	5 528	19
H大学	管理学	2 610	9
H大学	文学	2 106	7
H大学	教育学	1 980	7
H大学	经济学	1 870	6
H大学	医学	1 454	5
H大学	哲学	1 406	5
H大学	其他	1 106	4
H大学	院校资料	716	2
H大学	法学	492	2
H大学	农学	324	1
H大学	历史学	185	1

(续表)

机构名称	学科	下载次数(万次)	占比(%)
H大学	艺术	70	0
H大学	军事	0.52	0

接着,进行问卷调查。组织者设计了《H大学数字图书馆生态链信息供需匹配、链中存在无序竞争情况调查表》(表6.6),请专家们填写调查问卷表,也为专家们进行头脑风暴提供一些思路。

表6.6 H大学数字图书馆生态链信息供需匹配、链中存在无序竞争情况调查表

影响因素类型	具体影响因素	信息供需匹配	链中存在无序竞争
链的结构(U_1)	数字信息生产者的类型和数量(U_{1-1})		
	数字信息用户的类型和数量(U_{1-2})		
	数据库服务商的信息素质(U_{1-3})		
	数字图书馆的人员信息素质(U_{1-4})		
	数字信息用户的信息素质(U_{1-5})		
链的自组能力(U_2)	数据库服务商的沟通协调能力(U_{2-1})		
	数字图书馆的资源整合能力(U_{2-2})		
	数字图书馆的组织协调能力(U_{2-3})		
	数字信息用户的适应能力(U_{2-4})		
链的利益分配(U_3)	利益分配公平性(U_{3-1})		
	利益分配与利益诉求吻合度(U_{3-2})		
链的信息环境(U_4)	网络信息技术环境(U_{4-1})		
	网络信息制度环境(U_{4-2})		

填表说明:专家们既可以从这些影响因素中选择填写,也可以填写自己认为的原因

针对该数字图书馆生态链协调运行中出现的信息供需匹配程度不高、链中存在无序竞争的问题，专家们运用头脑风暴法分析，会议组织者收集整理了专家们分析的原因，并绘制成鱼骨图（见图6.2、图6.3）。

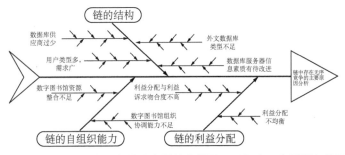

图6.2　H大学数字图书馆生态链信息供需匹配程度不高原因鱼骨图

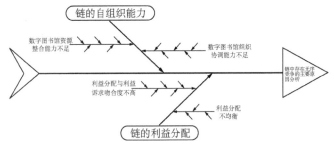

图6.3　H大学数字图书馆生态链存在无序竞争原因鱼骨图

6.3.2　鱼骨图分析结果

从图6.2中可以看出，导致数字图书馆生态链中信息供需匹配程度不高的主要原因有三个方面：一是链的结构需要优化，具体表现在数字资源类型较少，尤其外文数据库不多，信息用户种类、数量均较大，需求较广等；二是链的自组织能力有待优化，具体表现在数字图书馆资源整合能力不够，相关协调能力不足；三是链的利益分配不均衡主要表现为利益分配不能较好地满足链上各主体需求。

从图 6.3 中可以看出,导致数字图书馆生态链中存在无序竞争现象的主要原因有两个方面:一是链的自组织能力有待优化,具体表现在数字图书馆资源整合能力不够,相关协调能力不足;二是链的利益分配不均,主要表现在利益分配不能满足链上各主体的需求。

6.4　H 大学数字图书馆生态链协调运行优化策略

6.4.1　针对信息供求匹配度不高问题的优化

(1) 增加链上节点的类型和数量

从 H 大学数字图书馆生态链协调运行现状来看,信息供求匹配度不高,现有资源不能满足信息用户的需求。该馆的信息用户种类繁多,有教师有学生。从教学的角度来看,学校有理、工、农、医等 13 个学科门类;从信息用户的学历层次来看,从专科生到博士研究生均有一定的比例;从学生用户来源看,既有中国学生,也有来自其他 8 个国家的留学生,因此,需要有多种类型、数量较大的数字资源。学校要加大对数字图书馆的经费投入,增加数字资源的采购量;数字图书馆在采购数字资源的过程中,也要增加数字供应商的数量,提高数字资源的数量和质量。

(2) 提升信息用户的信息素质

一方面 H 大学数字图书馆中的数字资源得不到信息用户的肯定,另一方面很大一部分数字资源没有得到充分利用。一般来说,信息用户的信息认知能力越高,其可获得的信息资源就越多;信息用户信息技术的使用能力越强,其可使用的信息效率越高。因此,提升信息用户的信息素养能力是帮助信息用户获取信息资源的良好途径。数字图书馆要加强现有专题性检索知识的培训,加大培训的力度和频度,尤其要加强外文文献检索能力的培训,帮助信息用户提升信息检索能力,信息用户也要主动提升自己的信息使用能力。

(3)加强现有外文数据库的推送服务

H大学数字图书馆数字资源供需不匹配表现在两个方面。一方面本馆购置的外文数据库数量较少,不能满足学科发展需要;另一方面,现有的外文数据库使用频次偏低。因此,在现有外文数据库购置基础上,加强对外文数据库的推送服务,对于提升高校图书馆的服务质量、满足用户多样化的信息需求具有重要意义。一是优化推送服务流程。通过完善用户画像,收集和分析用户的检索历史、浏览记录、下载行为等数据,构建精准的用户画像,从而了解用户的信息需求和偏好。基于用户画像,建立智能推送机制,根据用户的兴趣和需求,自动推送相关的外文数据库资源。二是丰富推送服务内容。通过整合优质资源,加强与国内外知名出版商的合作,整合优质的外文数据库资源,确保推送内容的权威性和准确性。三是提升推送服务质量。通过举办讲座、培训班等方式,提升用户对外文数据库的认知和使用能力,使用户能够更好地利用推送服务。四是创新推送服务模式。可以同时采用多种推送模式,如跨平台推送、社交化推送、智能化推荐等,加大外文数据库的推送力度。如跨平台推送是指利用移动互联网技术,实现外文数据库资源在不同平台(如手机、平板、电脑等)上的推送服务,方便用户随时随地获取所需信息。社交化推送是将推送服务与社交媒体相结合,通过社交媒体平台向用户推送外文数据库资源,扩大推送服务的覆盖面和影响力。智能化推荐是利用人工智能技术,对用户的行为和兴趣进行深度分析,实现更加精准的智能化推荐服务。

总之,加强现有外文数据库的推送服务需要从优化推送服务流程、丰富推送服务内容、提升推送服务质量、创新推送服务模式等方面入手,不断提升用户的满意度和忠诚度。

6.4.2 针对链中存在无序竞争问题的优化

H大学数字图书馆生态链中的无序竞争问题主要体现在信息用户对数字资源的无序竞争。要解决数字资源紧张的问题,除了上述措施外,还需要提升链核心节点的自组织能力,平衡链的节点利益分配问题。

(1) 提升数字图书馆的自组织能力

数字图书馆生态链的核心节点是数字图书馆,提升数字图书馆的自组织能力的方式有很多种,结合H数字图书馆的现状,当前可以从以下几个方面加以改进。

① 完善数字图书馆管理系统

一方面,随着信息技术的发展,信息服务商的销售与服务方式也发生了变化,"新零售"①的服务方式和管理理念走进数字图书馆,信息服务商愿意将信息产品的相关信息与数字图书馆进行融合。另一方面,高校数字图书馆的管理对象和方法更加多样化、系统化、复杂化,信息用户对服务响应速度要求更高。诸多的现实问题都对已有的数字图书馆管理信息系统提出了新的要求。首先,要协调好系统的资源构建标准。在现有的数字图书馆信息系统中,数据来源的系统较多,有信息服务商提供的信息产品信息、数字图书馆的自建数据库及信息用户信息等,形成了多元化的信息系统②,数据之间兼容性差,甚至不兼容,给高校数字图书馆的信息资源整合带来了诸多障碍。可将用户数据、文献资产数据、运行数据以及数字数据等通过第三方,利用开放、自主、开源的方式,实现大数据的对接。将文献资源标准、用户数据标准、事实数据标准、运行数字标准、系统设计标准、平台管理规范、信息安全规范、系统

---

① http://www.sohu.com/a/260137179_100191010.
② 刘玉婷,姚慧君.信息生态系统视角下的数字图书馆资源优化配置[J].山西档案,2018(3):123-125.

集成规范等完整规范集成在系统中,使参与协调活动的节点均按照相关标准实行,有效提升数字图书馆的资源整合能力。其次,管理系统要满足各节点的个性化需求。可在系统上增设信息服务商系统和信息用户服务系统,信息服务商可以通过系统展示自己的产品,提高产品的认知度;信息用户通过系统,可以快速实现个性化的需求,提升响应效率。

② 积极争取链外资源,参加国家主导的信息共享平台

H 数字图书馆经过多方努力,2008 年加入由国家主导建设的信息共享平台有 CALIS(中国高校图书馆信息保障系统)和 CASHL(中国高校人文社会科学文献中心)。近 5 年来,通过 CALIS 的 E 读学术搜索利用各类信息资源的人数越来越多,共申请文献传递 6 320 次;通过 CASHL 平台,共申请文献传递服务 2 589 次,收到了良好的服务效果。

③ 与信息生产者协调拓展相关服务

为了在有限的经费条件下,拓展信息用户的资源利用度。H 数字图书馆与相关信息服务商进行协作,免费利用超星公司开发的文献传递平台,进行文献检索,对于需要文献传递的,再按照实际传递的信息付费。这种合作模式扩大了信息用户的信息搜索范围,可有针对性地购买,对于信息服务商而言,通过文献传递活动增加了其经济效益。具体操作流程为:对于本馆没有购买的文献资料,读者登录百链云图书馆进行检索,如检索到需要的资源,则可申请文献传递服务,按照提示准确填写有效邮箱地址及验证码,确认提交,文献全文将在 24 小时内发送至邮箱内。此外,图书馆购买了湖南纬度信息科技有限公司 SpiScholar 用户学术研究提供的资源导航系统。系统主要包括学术期刊指南和学术搜索两部分。它将文章、期刊有机融合,构建成资源无缝链接的数据平台,突破了以往数字资源利用的局限,扩展了科研人员对相关研究领域期刊的认识,满足了用户日益增长的文献需求。学术期刊指南

按照主流的期刊分类体系将期刊按科划分,为用户提供期刊导航服务,目前,收集的国际和国内主要全文数据库出版商收录的学术期刊9万余种,其中有7万多种外文期刊和近2万种中文期刊,覆盖国内外主流收录体系。系统还在不断完善主流数据库的期刊收录信息和评价数据,帮助用户更加快速、精准定位期刊,查找、获取期刊信息,为用户期刊投稿和论文获取提供更多选择,系统提供的信息包含期刊的详细信息,如收录信息;提供期刊主页、数据库链接,帮助用户从多个角度了解期刊的学术影响力和变化趋势;提供刊内检索和文献传递,拓展用户获取全文资源的途径。Spis学术搜索支持高级检索,精确化检索结果;内建论文的引用关系,提供论文总被引频次,帮助用户判断论文的学术影响力;覆盖国内外主流全文数据库的学术论文,有超过1 000万的开放资源可直接下载;个性化本馆馆藏资源配置,可直接链接到数据库获取全文。

④ 协调建立完善学术机构库,推动信息资源共享

为有效服务于学校的"双一流"建设,H大学图书馆应基于现有馆员的学科背景知识,积极联系相关院系,认真建设学术机构库。对于已经在建的石油工程学院、城市建设学院、生命科学学院、化学与环境工程学院、文学院、医学院等库要加大完善力度,试点推出重点服务学科导航;对于尚未建立学术机构库的院系,要尽快努力建设。对于学术机构库中的重点内容,如著名学者、国内外重要期刊、重要会议信息、组织机构等要设立专门的推送渠道,让信息用户了解前沿学术动态和发展趋势。

(2) 满足链上各节点的利益

数字图书馆生态链上的不同节点对利益的追求目标值与其参与节点协调运行的目的是相一致的。只有满足链上各节点的利益需求,才能提高链上节点主体参与协调运行的积极性。如果链上节点主体的利益得不到满足或者对分配利益不满意,则会降低其

参与链上协调活动的积极性或者离开本链。因此,要尽量满足链上各节点的利益。对于信息生产者,数字图书馆可以通过增加购买资金、延长合作时间、开展业务合作等方式来实现其利益需求;对于数字图书馆,可以采用与其他数字图书馆联合采购、与信息生产者联合开展业务等方式来降低流转成本等,实现利益需求;对于信息用户,以最少的成本获取最大的信息资源便能满足利益需求。

6.4 本章小结

本章以H大学数字图书馆生态链协调运行研究为案例,运用本研究提出的相关理论与方法检验了H大学数字图书馆生态链协调运行情况,分析了H大学数字图书馆生态链协调运行现状及其存在的主要问题,提出了相应的优化策略。用一般案例验证了本研究提出的理论观点的正确性和方法的可行性。

第七章 结论与展望

数字图书馆生态链是网络信息生态链中的一种服务信息生态链,从生态学的角度来研究数字图书馆生态链协调运行问题,可以进一步丰富网络信息生态链的理论研究内容,为数字图书馆生态链上的节点主体提供实践指导。本书在借鉴国内外相关研究的基础上,运用信息生态链理论、协同理论、个人访谈法、专家咨询法、结构方程分析法、模糊综合评价法等相关理论和方法确定了数字图书馆生态链协调运行的标志;提出了数字图书馆生态链协调运行的影响因素,并对相关作用机制进行了分析;评价了数字图书馆生态链协调运行的协调度,运用鱼骨图分析法分析了数字图书馆生态链不协调运行的原因,并提出了具体的优化方略,以期为数字图书馆生态链协调运行提供理论基础及具体对策。

7.1 研究的主要结论

(1) 阐述了研究数字图书馆生态链协调运行的选题背景、理论与实践意义,从数字图书馆生态链研究现状、网络信息生态链运行研究现状以及数字图书馆协调运行研究现状等三个方面对国内外研究成果进行了梳理和综合评析,提出了数字图书馆生态链协调运行的研究目标、研究内容、研究思路和研究方法。

(2) 构建了数字图书馆生态链协调运行基础理论框架。在厘清数字图书馆、信息生态链的概念基础上,界定了数字图书馆生态链的概念;阐述了数字图书馆生态链的结构要素与结构模型;分析了数字图书馆生态链的运行机制。数字图书馆生态链是在网络信息生态环境中,由数字图书馆、数字信息生产者、信息用户围绕数字信息流转和数字资源开发利用而形成的链式依存关系。节点、节点连接方式、节点组合形式、节点连接关系是数字图书馆生态链的主要结构要素,这些结构要素的变化和发展决定数字图书馆生态链的结构模型。数字图书馆生态的运行机制包括:成长机制、信息流转机制、价值增值机制、互利共生机制以及协同竞争机制。

(3) 确定了数字图书馆生态链协调运行的标志。在分析相关文献的基础上提出了数字图书馆生态链协调运行的基本标志,然后结合个人访谈和专家调查进一步对初步提出的协调运行标志进行提炼和修改,进而确定最终的协调运行标志。

本书基于已有的相关文献,阐述了数字图书馆生态链协调运行的概念与特征,数字图书馆生态链协调运行是指链中各主体之间以及链中主体与链外主体间通过一定的方式或运用一定的手段相互适应、相互协作、相互满足,从而实现链中信息高效流转的活动。数字图书馆生态链协调运行具有相对性、动态性和多样性的特点。本书采用个人访谈法,采用深度访谈的方式,按照拟定的数字图书馆生态协调运行标志访谈大纲,对 20 名受访者进行访谈,通过对访谈内容的分析、归纳和总结,提出了数字图书馆生态链协调运行标志的初步结果,再利用专家调查法,对访谈结果进行再次调查、分析,确定了数字图书馆生态链协调运行的标志,即为节点间信息供求匹配、链中无无序竞争、各节点主体分工协作合理、链中节点主体关系和谐。最后对数字图书馆生态链协调运行标志进行详细的分析与解读。

（4）确定了数字图书馆生态链协调运行的影响因素及其作用机制。根据前文已有的研究基础,本文构建了数字图书馆生态链协调运行影响因素的概念模型。链的结构、链的自组织能力、链的利益分配、网络信息环境是数字图书馆生态链协调运行的主要影响因素。将这四大影响因素对数字图书馆生态链节点间信息供求匹配、链中不存在无序竞争、链中各节点主体分工协作合理情况以及链中信息主体关系和谐程度的影响作出了理论假设;接着,在反复研究、探讨和修正的基础上,确定了最终的调查问卷,并选择数字图书馆链上的各类信息主体作为实证调研的对象,结合线下和网络两种方式对问卷进行发放,通过对采集到的调查数据进行统计分析,得出了样本数据的信息度和效度结果,认为样本数据具有较好的收集效果,适合用于结构方程的统计分析,之后,将数据导入预先设定好的数字图书馆生态链协调运行影响因素的结构模型中,通过分析和调整模型,使模型适配度达到合理标准;最后对数字图书馆生态链协调运行影响因素的作用机制进行了具体分析。

（5）有针对性地提出了数字图书馆生态链协调运行优化方略。首先,利用模糊综合评价法对数字图书馆生态链协调运行度进行测评,提出测评的一级指标为:信息供需匹配程度、链中无序竞争状况、主体分工协作合理程度、主体关系和谐状况等四个方面,结合本书的第三章、第四章的相关研究理论,确定了各一级指标所对应的二级指标,并利用模糊综合评价法得出具体的测评结果;接着,利用鱼骨图分析法,对具体的问题进行原因分析;最后,针对链的结构、链的自组织能力、链的利益分配以及链的网络信息环境等四个主要方面提出了具体的优化方略。

7.2　存在的局限

本书采用多种理论及论证方法对数字图书馆生态链协调运行问题进行了深入研究,在理论和实践上取得了一定的成果。但依然存在以下两个方面的不足。

(1) 对数字图书馆生态链协调运行的标志界定及相关影响因素有待于进一步探讨

本书主要是基于数字图书馆生态链的常规协调运行进行标志界定,对数字图书馆生态链的专项协调运行标志缺乏具体分析,与此相对应的影响因素中可能还有特殊影响因素不在本书研究之列。

(2) 案例分析存在一定的局限性

本书以 H 大学数字图书馆生态链协调运行研究作为案例,运用研究中提出的相关理论与方法检验了 H 大学数字图书馆生态链协调运行情况,分析了 H 大学数字图书馆生态链协调运行现状及其存在的主要问题,提出了相应的优化策略。用一般案例验证了本书提出的理论观点的正确性和方法的可行性。但选取的样本只有一所高校,没有进行比较性分析,存在一定的局限性。

7.3　研究的展望

从本研究已有的阶段性成果来看,笔者深切认识到开展数字图书馆生态链协调运行研究具有一定的理论及实践意义。在研究的过程中,也意识到本次研究的不足,未来将在以下两个方面进行深入研究：

（1）进一步探讨并完善数字图书馆生态链协调运行标志

受国家政策、经济和社会发展的影响，数字图书馆生态链协调运行的标志将不断发展、演化；不同类型的数字图书馆生态链协调运行的标志也将会有不同的新的变化。因此如何在发展中探讨数字图书馆生态链协调运行标志，修正与完善现有的协调运行标志是后续研究的重点。

（2）进一步探讨数字图书馆生态链协调运行的优化策略

受国家数字图书馆建设战略发展以及信息技术发展的影响，数字图书馆生态链协调运行的影响因素将会发生新的变化，各影响因素与数字图书馆生态链协调运行标志之间的关系也会有新的改变，因此探讨新的优化策略也是后续的研究工作之一。

参考文献

[1] Davenport T H, Prusak L D. Information Ecology: Mastering the Information and Knowledge Environment 1st Edition[M]. Oxford: Oxford University Press, 1997.

[2] Bonnie A, Nardi, Vicki O'Day. Information Ecologies: Using Technology With Heart First Edition[M]. Cambridge: The MIT Press, 1999.

[3] Joseph G, Pardalos P M, Hearn D. Edwin Romeijn. Supply Chain Management: Models, Applications, and Research Directions 1st Edition[M]. Berlin: Springer, 2002.

[4] Witten I H, Bainbridge D. How to build a digital library[M]. San Francisco, CA: Morgan Kaufmann Publishers, 2003.

[5] Tedd L A. Digital libraries: principles and practice in a global environment[M]. München: Saur, 2005.

[6] King D L. Running the digital branch: guidelines for operating the library website[M]. Chicago, IL: American Library Association, 2012.

[7] Martin A M A L. Mastering digital librarianship: strategy, networking and discovery in academic libraries[M]. London: Facet Publishing, 2014.

[8] Baker D, Evans W. A handbook of digital library economics: operations, collections and services[M]. Oxford: Chandos Publishing, 2013.

[9] Parul, Sharma. Collection development and management in libraries and information centres in digital scenario[M]. SSDN Publishers &

Distributors, 2013.

[10] Ryan B. Optimizing Academic Library Services in the Digital Milieu [M]. Sawston: Chandos Publishing, 2014.

[11] Tuamsuk K, Jatowt A, Rasmussen E. The Emergence of Digital Libraries: Research and Practices [M]. Berlin: Springer International Publishing, 2014.

[12] Tuamsuk K, Jatowt A, Rasmussen E. The Emergence of Digital Libraries: Research and Practices [M]. Berlin: Springer, 2014.

[13] Holmes O. Information Delivery and Digitization of Library Research [M]. Koros Press Ltd, 2014.

[14] Calhoun K. Exploring Digital Libraries: Foundations, Practice, Prospects [M]. London: Facet Publishing, 2014.

[15] Gasaway L N. Copyright Questions and Answers for Information Professionals [M]. West Lafayetle: Purdue University Press, 2013.

[16] Norbert Fuhr N, Kovács L, Risse T, et al. Research and Advanced Technology for Digital Libraries [M]. Berlin: Springer. 2016.

[17] Clayton M. Managing LibraryAutomation [M]. London: Routledge, 2018.

[18] Hussaini S. The AI Showdown: Google Gemini vs OpenAI ChatGPT: A Comparative Analysis of Capabilities, Applications, and Impact Paperback [M]. Amazon: Independently published, 2023.

[19] Tammaro A M. Recognition and quality assurance in LIS [J]. Performance Measurement and Metrics, 2005, 6(2): 67-79.

[20] Yakel E, Tibbo H. Standardized survey tools for assessment in archives and special collections [J]. Performance Measurement and Metrics, 2010, 11(2): 211-222.

[21] Takenouchi T. Information ethics as information ecology: Connecting frankl's thought and fundamental informatics [J]. Ethics and Information Technology, 2006, 8(4): 187-193.

[22] Shen B. Ecologies, outreach, and the evolution of medical libraries [J]. Journal of the Medical Library Association, 2005, 93 (4 Suppl):

S86-S92.

[23] Tekli J, Chbeir R, Yetongnon K. An overview on XML similarity: Background, current trends and future directions[J]. Computer Science Review, 2009, 3(3): 151-173.

[24] Maruyama L S. Format recognition: A report of a project at the library of congress[J]. Journal of the American Society for Information Science, 1971, 22(4): 283-287.

[25] Li Y L, Liu C. Information resource, interface, and tasks as user interaction components for digital library evaluation[J]. Information Processing & Management, 2019, 56(3): 704-720.

[26] Henry M. OPACS, libraries, universities: WWW directories[J]. Campus-Wide Information Systems, 1995, 12(4): 8-11.

[27] Valiente M C, Garcia-Barriocanal E, Sicilia M A. Applying ontology-based models for supporting integrated software development and IT service management processes[J]. IEEE Transactions on Systems, Man, and Cybernetics, Part C (Applications and Reviews), 2012, 42(1): 61-74.

[28] Kuzma M, Moscicka A. Evaluation of the accessibility of archival cartographic documents in digital libraries[J]. The Electronic Library, 2018, 36(6): 1062-1081.

[29] Zaouali M A. Hypoxia inducible factor-1α accumulation in steatotic liver preservation: Role of nitric oxide[J]. World Journal of Gastroenterology, 2010, 16(28): 3499.

[30] Molly, Raphael. The digital shift: How eBooks and e-Content are changing readers and libraries[J]. Journal of Library Science in China, 2013, 8(10):49-56.

[31] Rafi M, Zheng J M, Ahmad K. Evaluating the impact of digital library database resources on the productivity of academic research[J]. Information Discovery and Delivery, 2019, 47(1): 42-52.

[32] Mulaik S A, James L R. Objectivity and reasoning in science and

structural equation modeling[J]. Structural equation modeling: Concepts, issues, and applications, 1995, 9(1):118-137.

[33] Gusack N, Lynch C. A. The TULIP project[J]. Library Hi Tech, 1995, 13(4):7-24.

[34] Nieuwenhuysen P. A bibliography of text information management software for IBM microcomputers and compatibles[J]. The Electronic Library, 1988, 6(4): 264-320.

[35] Kishore P, Alan B. A text to speech interface for universal digital library [J]. Journal of Zhejiang University: Science A, 2005, 6(11): 1229-1234.

[36] Rahrovani S, Mirzabeigi M, Abbaspour J. The concreteness of searching module icons and their effectiveness in digital library applications[J]. The Electronic Library, 2018, 36(5): 800-810.

[37] Nicholson S. A conceptual framework for the holistic measurement and cumulative evaluation of library services[J]. Journal of Documentation, 2004, 60(2): 164-182.

[38] Bratt S. Digital library keyword analysis for visualization education research[J]. Journal of Applied Research in Higher Education, 2018, 10(4): 595-611.

[39] Shen X J, Wei W, Qi X. General review of National Digital Library development in the National Library of China[J]. Chinese Journal of Library and Information Science, 2008, 1(S1): 109-127.

[40] Shi X L, Niu Z D, Song H T, et al. Intelligent agent-based system for digital library information retrieval[J]. Journal of Beijing Institute of Technology (English Edition), 2003, 12(4): 450-454.

[41] Kidanu S A, Cardinale Y, Chbeir R, et al. MMDES: multimedia digital ecosystem-new platform for collaboration and sharing[C] //2016 IEEE Intl Conference on Computational Science and Engineering (CSE) and IEEE Intl Conference on Embedded and Ubiquitous Computing (EUC) and 15th Intl Symposium on Distributed Computing and

Applications for Business Engineering (DCABES). Paris, France. IEEE, 2016: 135-138.

[42] Stephen M. G. Taking the initiative far digitallibraries[J]. The Electronic Library,1998, 16(1):123-128.

[43] Su X N. Opportunities and challenges faced by digital libraries in the big data era[J]. Journal of Library Science in China, 2015, 6(15):4-12.

[44] Deb S. TERI integrated digital library initiative[J]. The Electronic Library, 2006, 24(3): 366-379.

[45] The opportunities and challenges of digital libraries in the big data era[C]//2019 International Conference on Arts, Management, Education and Innovation (ICAMEI 2019). Clausius Scientific Press, 2019.

[46] Bogaard T, Hollink L, Wielemaker J, et al. Metadata categorization for identifying search patterns in a digital library[J]. Journal of Documentation, 2019, 75(2): 270-286.

[47] Dugan R E. Selection and presentation of commercially available electronic resources: Issues and practices[J]. The Journal of Academic Librarianship, 2002, 28(3): 171-172.

[48] Tsakonas G, Papatheodorou C. Analysing and evaluating usefulness and usability in electronic information services[J]. Journal of Information Science, 2006, 32(5): 400-419.

[49] Wang Q, Zhang C Y. A study of user experience in tsinghua wireless and mobile digital library system(TWIMS)[J]. Chinese Journal of Library and Information Science, 2011(1): 50-65.

[50] Wu J H, Wang Z H. Differentiated digital library evaluation in a hierarchical model stemming from its operational scope and complexity[J]. Chinese Journal of Library and Information Science, 2009, 2(4): 54-70.

[51] Wu Z D, Zheng C R, Jian X J, et al. An approach for the protection of users' book browsing preference privacy in a digital library[J]. The Electronic Library, 2018, 36(6): 1154-1166.

[52] Cuijuan X. The Opening and application of Chinese historical geography data in digital Humanities projects of libraries[J]. Journal of Library Science in China, 2017(1):456-459.

[53] Hu X, Ho E M Y, Qiao C. Digitizing Dunhuang cultural heritage: A user evaluation of Mogao cave panorama digital library[J]. Journal of Data and Information Science, 2017, 2(3): 49-67.

[54] Yang L Y, Zhu H K. An experiment on digital library based on the method of TQM system[J]. Journal of Zhejiang University: Science A, 2005, 6(11): 1362-1366.

[55] Yao X X, Liu S Q, Chen L, et al. Establishing an academic digital library& information system in China: The case of CADLIS[J]. Chinese Journal of Library and Information Science, 2008, 1(2): 98-103.

[56] Zhan Q D, Zhang W D. Case study of perception about the copyright of the digital libraries in Mainland China with Hong Kong and Taiwan, China as the Reference System[J]. Chinese Journal of Library and Information Science, 2009, (1):56-59.

[57] Zhang F Z, Liu M Y, Kong L F. Mobile agent based framework for integrating digital library system[J]. Journal of Beijing Institute of Technology (English Edition), 2005, 14(3): 264-268.

[58] Zhang M, Li L, Zhang X L, et al. An investigative report on current long-term digital preservation situation among major Chinese libraries [J]. Chinese Journal of Library and Information Science, 2008, 1(S1): 1-15.

[59] Zheng Q Y, Wang S P. A framework for basic administrative metadata in digital libraries[J]. Chinese Journal of Library and Information Science, 2008, 1(1): 27-37.

[60] Zheng R, Xiao X M. A survey of public needs for digital information service in libraries and museums[J]. Chinese Journal of Library and Information Science, 2014(2): 55-64.

[61] Su-shing C, Sabine G. Spatial/temporal indexing and information visualization genre for environmental digital libraries[J]. Journal of Zhejiang University: Science A, 2005, 6(11): 1235-1248.

[62] Zhuang Y T. Digital libraries: A testbed for multimedia technology[J]. Journal of Zhejiang University: Science A, 2005, 6(11): 1201-1203.

[63] ACRL. ResrarchCommittee. Environmental Scan 2017[R/OL]. 2018-06-09.

[64] ACRL. Bibliographic Control[J]. Library of Congress Information Bulletin. 2000(7):07-09.

[65] 吴志荣.数字图书馆:从理念走向现实[M].上海:学林出版社,2000.

[66] 刘炜,周德明,王世伟,等.数字图书馆引论[M].上海:上海科学技术文献出版社,2001.

[67] 徐文伯,饶戈平.信息数字化与法律:数字图书馆建设中的法律问题[M].北京:法律出版社,2002.

[68] 林榕航.供应链管理(SCM)教程:管理导向的价值链、物流管理上册[M].厦门:厦门大学出版社,2003.

[69] 初景利.图书馆数字参考咨询服务研究[M].北京:北京图书馆出版社,2004.

[70] 李博.生态学[M].北京:高等教育出版社,2000.

[71] 张文军.生态学研究方法[M].广州:中山大学出版社,2007.

[72] 富平.从传统图书馆到数字图书馆[M].北京:北京图书馆出版社,2007.

[73] 李东林,严真,秦柯.数字图书馆服务与相关法律问题[M].沈阳:沈阳出版社,2007.

[74] 邵培仁,等.媒介生态学:媒介作为绿色生态的研究[M].北京:中国传媒大学出版社,2008.

[75] 娄策群.信息管理学基础[M].2版.北京:科学出版社,2009.

[76] 初景利.复合图书馆理论与方法[M].上海:上海交通大学出版社,2009.

[77] 王启云.高校数字图书馆建设评估研究[M].北京:现代教育出版社,2009.

[78] 施先亮,等.区域生态供应链信息共享的基本理论[M].北京:北京交通

大学出版社,2011.

[79] 黄梦醒.数字图书馆服务链:服务模式·体系架构·关键技术[M].北京:清华大学出版社,2013.

[80] 顾立平.数字图书馆发展:个性化、开放化、社群化[M].北京:科学技术文献出版社,2013.

[81] 任宁宁.数字图书馆版权利益平衡机制研究[M].北京:经济管理出版社,2013.

[82] 唐琼.图书馆数字资源选择标准研究[M].武汉:武汉大学出版社,2013.

[83] 娄策群,等.信息生态系统理论及其应用研究[M].北京:中国社会科学出版社,2014.

[84] 林培发.数字资源整合与图书馆服务[M].北京:国防工业出版社,2015.

[85] 丁俊发.中国供应链管理蓝皮书:2015[M].北京:中国财富出版社,2015.

[86] 杨瑶.网络信息生态链演进机理与发展策略研究[M].武汉:武汉大学出版社,2016.

[87] 龚娅君.数字图书馆新媒体服务研究[M].北京:国家图书馆出版社,2016.

[88] 董媛媛.数字图书馆著作权问题研究[M].西安:三秦出版社,2017.

[89] 刘柏嵩.CADAL数字图书馆知识标准规范及应用研究[M].杭州:浙江大学出版社,2017.

[90] 靖继鹏,张向先.信息生态理论与应用[M].北京:科学出版社,2017.

[91] 桂晓苗.电子商务信息生态链协同竞争机制研究[M].武汉:华中科技大学出版社,2017.

[92] 张海涛,张连峰,王丹.商务网络信息生态链价值的协同创造[M].北京:中国书籍出版社,2019.

[93] 杨小溪.网络信息生态链价值管理研究[M].武汉:华中师范大学出版社,2018.

[94] 毕达宇.商务网络信息生态链动态平衡机理[M].北京:中国社会科学出版社,2018.

[95] 娄策群,等.网络信息生态链运行机制与优化方略[M].北京:科学出版

[96] 曹建君.国民经济动员时空信息生态链协同研究[M].北京:科学出版社,2020.

[97] 李青维.数字图书馆信息生态链价值平衡研究[M].武汉:武汉大学出版社,2023.

[98] 贺玲玲.数字图书馆运行机制与管理模式研究[D].长沙:国防科学技术大学,2003.

[99] 张旭.网络信息生态链形成机理及管理策略研究[D].长春:吉林大学,2011.

[100] 李佳玉.基于协同学的信息生态链断裂问题研究[D].太原:山西大学,2011.

[101] 杨曼.信息生态链的优化研究[D].武汉:华中师范大学,2013.

[102] 韩朝.图书馆微博信息生态链形成机理与优化策略[D].长春:吉林大学,2014.

[103] 吴骁.移动网络信息生态链的形成机理及培育对策[D].武汉:华中师范大学,2014.

[104] 张苗苗.公安网络信息生态链共生互利研究[D].武汉:华中师范大学,2015.

[105] 高鹏.信息内容服务产业链利益协调研究[D].武汉:华中师范大学,2015.

[106] 宋拓.微博信息生态链解构及运行机制研究[D].长春:吉林大学,2015.

[107] 魏傲希.基于系统动力学分析的数字图书馆信息生态链运行机制研究[D].长春:吉林大学,2015.

[108] 吴若溪.图书馆微信平台信息生态链形成机理与优化策略研究[D].哈尔滨:黑龙江大学,2016.

[109] 李卿箐.公共档案馆信息生态链运行模式研究[D].太原:山西大学,2017.

[110] 卢居辉.图书馆微信平台信息生态链演化机制研究[D].哈尔滨:黑龙江大学,2017.

[111] 闫晶.数字图书馆资源聚合质量评价及优化策略研究[D].长春:吉林大

学,2018.

[112] 陈远方.智慧图书馆知识服务延伸情境建构研究[D].长春:吉林大学,2018.

[113] 李题印.商务网络信息生态链价值流动机理及评价研究[D].长春:吉林大学,2019.

[114] 沙洲."互联网+"背景下档案信息服务生态系统研究[D].合肥:安徽大学,2019.

[115] 李洁.数据驱动下数字图书馆知识发现服务创新模式与策略研究[D].长春:吉林大学,2019.

[116] 黄丽姿.基于服务融合的数字图书馆移动视觉搜索研究[D].武汉:华中师范大学,2019.

[117] 韦雅楠.信息生态视角下企业与用户的新媒体信息交互研究[D].长春:吉林大学,2020.

[118] 喻璐.我国全民阅读推广信息生态链研究[D].哈尔滨:黑龙江大学,2021.

[119] 戴珍燕.基于信息生态理论的网络公益信息传播机制研究[D].镇江:江苏科技大学,2021.

[120] 姜姗.电子政务信息生态链结构优化研究:以吉林税务部门为例[D].长春:吉林财经大学,2022.

[121] 魏沁雯.基于模糊层次分析法的数字图书馆应用电子商务服务评价研究[D].扬州:扬州大学,2023.

[122] 邢岳.基于信息生态链的产业园区信息协同机制构建研究[D].长春:长春师范大学,2022.

[123] 朱泽.基于信息生态的我国数字学术文献市场主体价值创造行为及其演化研究[D].武汉:华中师范大学,2023.

[124] 李火苗.数字图书馆个性化服务行为信息挖掘系统设计与实现[J].电子设计工程,2022,30(22):184-187,193.

[125] 伍涛.基于富语义的数字图书馆个性化推荐服务系统构建[J].情报探索,2022(3):123-128.

[126] 孙琪.基于智能过滤技术的数字图书馆个性化信息推荐服务研究[J].

中国中医药图书情报杂志,2020,44(6):22-24.

[127] 段尧清,刘宇明,蔡诗茜,等.数字图书馆个性化推荐用户信息采纳行为影响研究:信息采纳意向的中介效应[J].现代情报,2019,39(2):85-93.

[128] 毕达宇,娄策群,张苗苗.商务网络信息生态链动态平衡影响因素及实证分析[J].情报理论与实践,2016,39(4):113-118.

[129] 毕达宇,娄策群,张苗苗.网络信息生态链稳定性研究[J].情报科学,2014,32(7):19-23.

[130] 查珊珊,李小梅.研究型图书馆网络环境下的信息生态构建探讨[J].现代情报,2009,29(5):41-43,47.

[131] 陈明红,漆贤军.基于结构方程模型的网络信息生态系统信息资源配置研究[J].情报杂志,2012,31(9):169-174.

[132] 陈明红.基于CAS理论的网络信息生态系统分析[J].情报科学,2012,30(7):1065-1070.

[133] 陈为东,王萍,王益成.基于系统动力学的网络信息生态系统运行机理模型及优化策略研究[J].现代情报,2017,37(7):9-13.

[134] 陈伟.论数字图书馆和知识商品市场运行机制[J].图书情报工作,2004,48(11):57-59,73.

[135] 陈秀英.网络信息生态环境危机及对策初探[J].图书馆学研究,2007(6):96-98,101.

[136] 陈耀盛.国内外现行数字图书馆运行模式比较[J].情报资料工作,2002,23(5):44-47.

[137] 程彩虹,陈燕方,毕达宇.数字图书馆信息生态链结构要素及结构模型[J].情报科学,2013,31(8):15-18,22.

[138] 崔小彦.数字图书馆知识链的知识协同管理体系构建[J].中国中医药图书情报杂志,2018,42(6):35-38.

[139] 段尧清,余琪,余秋文.网络信息生态链的表现形式、结构模型及其功能[J].情报科学,2013,31(5):8-11.

[140] 范铁军.高校数字图书馆生态化建设的探索与思考[J].兰州教育学院学报,2018,34(4):61-62,65.

[141] 高阳,李永先.我国网络信息生态系统研究综述[J].图书馆学研究,2014(10):12-17.

[142] 高咏先.区域性高校图书馆资源共享运行机制研究:以浙江省高校数字图书馆项目为例[J].情报探索,2011(6):70-73.

[143] 高玉萍.数字图书馆信息生态链的构建与优化研究[J].河南图书馆学刊,2015,35(9):109-111.

[144] 吉林大学信息资源中心.国家社科基金重大项目《网络信息生态链形成机理与演进规律研究》开题论证会在吉林大学召开[J].情报科学,2012,30(4):640.

[145] 胡漠,马捷,靖继鹏.基于多目标突变决策理论的网络信息生态链优化研究[J].情报理论与实践,2017,40(1):46-52.

[146] 黄微,周昕,齐玥,等.信息生态网络构建研究热点述评[J].情报科学,2013,31(10):144-148,160.

[147] 霍明奎,张向先,靖继鹏.网络信息生态链的形成机理[J].情报科学,2014,32(12):3-7.

[148] 靖继鹏.网络信息生态链的形成机理与演进规律研究序[J].图书情报工作,2013,57(15):39.

[149] 李北伟,董微微,富金鑫.基于演化博弈理论的网络信息生态链研究[J].图书情报工作,2012,56(22):102-106.

[150] 李北伟,董微微.基于演化博弈理论的网络信息生态链演化机理研究[J].情报理论与实践,2013,36(3):15-19.

[151] 李伶.数字图书馆应用系统运行支撑环境建设[J].中国现代教育装备,2006(12):10-12.

[152] 李明理.我国数字图书馆运行模式研究[J].河南图书馆学刊,2001,21(3):62-64.

[153] 李青维,娄策群.数字图书馆信息生态链价值平衡的标志及影响因素[J].情报科学,2019,37(3):17-21.

[154] 李新霞.数字图书馆的运行模式[J].情报科学,2002,20(11):1203-1204.

[155] 廖凌飞.网络信息生态论[J].现代情报,2004,24(11):87-88.

[156] 刘威,赵丽梅.共享经济视域的高校数字图书馆联盟运行体系研究[J].商业经济,2018(10):176-178.

[157] 刘珍,过仕明.网络信息生态系统优化路径研究[J].情报科学,2017,35(3):31-36,41.

[158] 娄策群,毕达宇,张苗苗.网络信息生态链运行机制研究:动态平衡机制[J].情报科学,2014,32(1):8-13,29.

[159] 娄策群,桂晓苗,杨光.网络信息生态链运行机制研究:协同竞争机制[J].情报科学,2013,31(8):3-9.

[160] 娄策群,娄冬,程彩虹.网络信息生态链协调管理概念解析[J].情报科学,2017,35(3):19-23.

[161] 娄策群,杨小溪,曾丽.网络信息生态链运行机制研究:价值增值机制[J].情报科学,2013,31(9):3-9.

[162] 娄策群,杨瑶,桂晓敏.网络信息生态链运行机制研究:信息流转机制[J].情报科学,2013,31(6):10-14,19.

[163] 娄策群,余杰,聂瑛.网络信息生态链结构优化方略[J].图书情报工作,2015,59(22):6-11.

[164] 娄策群,张苗苗,庞靓.网络信息生态链运行机制研究:共生互利机制[J].情报科学,2013,31(10):3-9,16.

[165] 栾春玉,霍明奎,卢才.网络信息生态链组成要素及相互关系[J].情报科学,2014,32(11):30-35.

[166] 吕桂芬.网络信息生态失衡与对策研究[J].情报探索,2007(11):73-74.

[167] 马捷,胡漠,张海涛.基于生态化程度测评的网络信息生态系统进化研究[J].情报资料工作,2015,36(4):6-12.

[168] 马捷,胡漠,魏傲希.基于系统动力学的社会网络信息生态链运行机制与优化策略研究[J].图书情报工作,2016,60(4):12-20.

[169] 马林山.基于网格技术的数字图书馆运行平台设计[J].科技情报开发与经济,2007(21):59-61.

[170] 马岩,徐文哲,郑建明.我国数字图书馆协同管理研究进展[J].图书馆学研究,2014(12):2-7.

[171] 马岩,徐文哲,郑建明.我国数字图书馆协同管理实践进展[J].情报科学,2015,33(9):151-156.

[172] 庞靓,冯玉娇,娄冬.网络信息生态链信息共享研究[J].图书馆学研究,2016(1):2-6.

[173] 孙浩.一种基于数字图书馆的电子政务运行模型的研究[J].现代情报,2007,27(1):99-101,129.

[174] 孙鸿飞,张海涛,宋拓,等.商务网络信息生态链自组织演化机理与价值协同创造研究[J].图书情报工作,2016,60(17):12-19.

[175] 孙正东.试论数字图书馆运行中的定向服务[J].新世纪图书馆,2005(2):15-18.

[176] 田国良.公益性服务还是市场化运作:数字图书馆运行模式选择[J].情报资料工作,2005,26(1):75-77.

[177] 王建.数字图书馆建设和运行中的知识产权问题及对策研究[J].情报理论与实践,2010,33(9):32-36.

[178] 王锰,郑建明.我国数字图书馆运行模式研究:基于公共文化事业和泛在知识环境视角[J].图书与情报,2012(5):21-25.

[179] 王显燕.高校数字图书馆信息资源共享运行机制研究[J].科技信息,2014(5):24-25.

[180] 王瑶,金明生.基于信息生态系统的数字图书馆运行机制优化及动态平衡控制[J].情报杂志,2012,31(2):153-156.

[181] 魏傲希,马捷,韩朝.网络信息生态系统自我调整能力及实现机制研究[J].图书情报工作,2014,58(15):14-21.

[182] 吴书舟.数字文献运行的经济学思考:数字图书馆双重主体的假设[J].情报探索,2014(7):5-8.

[183] 肖钠.图书馆供应链信息生态链的运行机制研究[J].图书馆理论与实践,2016(12):44-48.

[184] 谢元泰,余训培.数字图书馆建设和运行中相关主体间的权利义务关系[J].图书馆,2005(3):40-43.

[185] 徐军华.数字信息环境下图书馆管理模式与运行机制的案例分析:以匹兹堡大学图书馆为例[J].图书馆学研究,2010(20):7-9.

[186] 徐文哲,郑建明,郝世博.数字图书馆系统微观协同运行机制:基于群集理论视角[J].情报理论与实践,2014,37(9):106-111.

[187] 许孝君,张海涛,瓮毓琦,等.商务网络信息生态链结构模型构建[J].图书情报工作,2013,57(15):50-55.

[188] 杨雪,陈为东,马捷.基于认知失调的网络信息生态系统结构模型研究[J].情报理论与实践,2015,38(8):50-55.

[189] 杨瑶,娄策群.基于成长阶段的网络信息生态链培育策略[J].情报理论与实践,2014,37(10):9,30-34.

[190] 叶磊,娄策群,娄冬.网络信息生态链概念体系构建[J].情报科学,2016,34(11):8-12.

[191] 袁文秀,余恒鑫.关于网络信息生态的若干思考[J].情报科学,2005,23(1):144-147.

[192] 张海涛,孙思阳,任亮,等.基于竞合关系的商务网络信息生态链演化博弈研究[J].情报理论与实践,2018,41(10):60-65.

[193] 张海涛,许孝君,宋拓,等.商务网络信息生态链概念之内涵与外延解析[J].图书情报工作,2014,58(16):13-22.

[194] 张海涛,张连峰,王丹,等.商务网络信息生态链的功能研究[J].情报杂志,2015,34(8):163-168.

[195] 张海涛,张念祥,崔阳,等.基于超级IP的数字图书馆生态系统构建[J].情报科学,2018,36(9):22-26,176.

[196] 张慧玲.网络信息生态链研究进展与展望[J].情报探索,2014(7):9-12.

[197] 张敏勤.数字图书馆的经济运行成本分析[J].现代情报,2003,23(3):73-75.

[198] 张向先,耿荣娜,李昆.商务网站信息生态链的运行机制研究[J].情报理论与实践,2012,35(8):17-20,38.

[199] 张耀中,吴亚青.数字图书馆的运行模式初探[J].合肥工业大学学报(社会科学版),2002,16(5):106-108.

[200] 张云中,杨萌.基于五行学说的信息生态系统运行机制研究[J].图书情报工作,2010,54(22):61-65.

[201] 张兆祥.数字图书馆的运行环境:环球信息网[J].现代情报,2004,24(3):88-90.

[202] 赵海霞.开放大学数字图书馆运行服务模式研究[J].电大理工,2014(3):26-28.

[203] 郑小茹.高校图书馆数字资源联合采购的运行与推进[J].高校图书馆工作,2009,29(1):24-26.

[204] 张文亮,敦楚男,马毅.我国数字图书馆标准规范体系运行机制研究[J].新世纪图书馆,2019(7):53-58.

[205] 孙琪.基于智能过滤技术的数字图书馆个性化信息推荐服务研究[J].中国中医药图书情报杂志,2020,44(6):22-24.

[206] 李颖,孔泳欣.基于信息生态链的数字图书馆知识服务能力模型构建与解析研究[J].图书馆学研究,2021(9):70-76.

[207] 卢祖丹.图书馆数字资源、数据素养服务与高校科研产出的协调度分析[J].四川图书馆学报,2021(5):67-70.

[208] 李火苗.数字图书馆个性化服务行为信息挖掘系统设计与实现[J].电子设计工程,2022,30(22):184-187,193.

[209] 伍涛.基于富语义的数字图书馆个性化推荐服务系统构建[J].情报探索,2022(3):123-128.

[210] 闫健.德国数字图书馆建设实践及特色[J].数字图书馆论坛,2022(2):53-59.

[211] 郭海玲,魏悦华.协同视角下数字图书馆知识生态系统发展评价研究:基于图书馆行业公开数据的实证测算[J].图书馆建设,2024(2):62-72,80.

后记

本书是在我同名博士学位论文的基础上修改完成的，同时也是湖北省社科基金一般项目（后资助项目）"数字图书馆生态链协调运行研究"（项目批准号：HBSKJJ20233252）和教育部产学合作协同育人项目"新时期外文文献信息资源保障与服务利用研究"（项目批准号：231005469164751）的重要成果之一。此外，本书的相关理论也应用于湖北省高等学校图书情报工作委员会科研基金研究项目"基于云平台的高校图书馆流通日志共建平台的研究与开发"（项目批准号：2022－ZD－05）的相关研究，因此，也是该项目的研究成果。

本书得以顺利出版，首先要特别感谢我的博士导师娄策群教授及夫人董敏教授！娄老师严谨的治学态度和良好的师德师风令人敬佩。在博士学习过程中，娄老师渊博的知识和深厚的理论功底让我受益匪浅。从选题到最终定稿，都得到了娄老师的悉心指导，凝聚着娄老师的心血及厚望。而董敏教授则在我创作过程中给予了许多中肯的意见与建议，他们的支持是我前行的动力。在此，向娄老师夫妇表达我最深切的谢意！

其次，感谢华中师范大学信息管理学院的段尧清教授、易明教授、胡潜教授、谭春辉教授，以及夏立新教授、李玉海教授、王学东教授。诸位老师以他们丰富的学识与智慧启迪了我，使我能够在学术之路上不断探索与进步。同时，我也要感谢那些在调研过程中给予我帮助的专家与朋友们,你们的支持与信任对我来说弥足珍贵。

最后,感谢长江大学图书馆的领导和同事对我工作上的关心和帮助,感谢湖北省社会科学界联合会、北京万方数据股份有限公司以及湖北省高等学校图书情报工作委员会对本书提供的支持。尽管我已尽全力对书稿进行了修订与完善,但限于本人的学识水平,难免存在瑕疵和不足,恳请各位专家学者批评指正。

程彩虹

2024 年 7 月 28 日

附录 I 个人访谈提纲

一、访谈对象的参与条件

1. 对数字图书馆有较深的了解。
2. 有使用数字图书馆的经历。
3. 愿意接受访谈,能够明确表达自己的观点。

二、访谈时间:30—45 分钟

第一部分:个人基本信息

1. 您的性别:① 男□ ② 女□
2. 您的年龄:① 20 岁及以下□ ② 21—30 岁□ ③ 31—40 岁□ ④ 41—50 岁□ ⑤ 50 岁及以上□
3. 您的职业:① 数据库商□ ② 数字图书馆工作人员□ ③ 数字图书馆使用者□ ④ 相关领域专家学者□ ⑤ 其他□
4. 您的受教育程度:① 高中及以下□ ② 大专□ ③ 本科□ ④ 硕士□ ⑤ 博士□
5. 您平均每天使用数字图书馆的时间:① 1 小时及以下□ ② 1—3 小时□ ③ 3—5 小时□ ④ 5 小时及以上□
6. 您是否经常浏览或使用的数字图书馆平台?(口头或者书面回答)

7. 您经常检索或获取的数字资源类型有哪些(多选):① 期刊文献□　② 学位论文□　③ 数字报刊□　④ 数字图书□　⑤ 音视频数据库□　⑥ 图片数据库□　⑦ 其他□

第二部分:对数字图书馆生态链协调运行的认识

1. 您认为数字图书馆生态链协调运行如何界定?应该从哪几个方面去考虑?

2. 您认为数字图书馆生态链协调运行的影响因素有哪些?应该从哪些角度去考虑?

第三部分:访谈总结

1. 每次访谈结束,再次与访谈者就主要观点进行核实。
2. 访谈结束后向访谈者再次表示感谢。
3. 整理访谈内容。

附录 Ⅱ 数字图书馆生态链协调运行影响因素调查问卷

尊敬的先生/女士,您好!

我们正在进行一项关于"数字图书馆生态链协调运行影响因素"的调查,希望了解一下您对数字图书馆生态链协调运行影响因素的看法。本次调查大概需要 30 分钟的时间,请您在您认为正确的选项后面的□中打"√",或者附上文字说明。

保密承诺:本次调研所获数据仅做学术研究使用,所有回答完全匿名。我们郑重承诺,不会泄露您的个人信息,并承担相关法律责任,再次感谢您的参与!

数字图书馆生态链协调运行研究课题组
2023 年 12 月

第一部分:个人基本情况

1. 您的性别: 男□ 女□
2. 您的年龄:① 20—30 岁□ ② 31—40 岁□ ③ 41—50 岁□ ④ 50 岁以上□
3. 您所工作的数字图书馆性质:① 高校内部数字图书馆□ ② 公共数字图书馆、社区数字图书馆□ ③ 事业单位机构内部数字图书馆□ ④其他□
4. 您的岗位:① 参考咨询部□ ② 数字资源部□ ③ 信息

技术部□ ④ 读者服务部□ ⑤ 其他□

5. 您的受教育程度：① 大专及以下□ ② 本科□ ③ 硕士□ ④ 博士□

<u>第二部分：请根据您所工作的数字图书馆的具体情况以及您对数字图书馆生态链协同运行影响因素的理解和认识对以下问题进行回答。</u>

6. 数字图书馆与多个不同类型的数据库服务商有合作
① 完全同意□ ② 比较同意□ ③ 同意□
④ 不太同意□ ⑤ 完全不同意□

7. 数字图书馆为大量的不同类型的用户提供信息服务
① 完全同意□ ② 比较同意□ ③ 同意□
④ 不太同意□ ⑤ 完全不同意□

8. 数据库服务商的信息整合与组织能力较强，能很好地整合各类信息资源，构建高质量的数据库
① 完全同意□ ② 比较同意□ ③ 同意□
④ 不太同意□ ⑤ 完全不同意□

9. 数字图书馆员工的信息组织能力较强，能有效整合各类数据库资源
① 完全同意□ ② 比较同意□ ③ 同意□
④ 不太同意□ ⑤ 完全不同意□

10. 信息用户的信息意识和信息获取能力较强，能明确自身的信息需求并准确获取信息
① 完全同意□ ② 比较同意□ ③ 同意□
④ 不太同意□ ⑤ 完全不同意□

11. 数据库服务商能够与数字图书馆进行很好的沟通并对合作过程中可能出现的问题进行有效协调
① 完全同意□ ② 比较同意□ ③ 同意□

④ 不太同意□　　⑤ 完全不同意□

12. 数字图书馆能够有效整合各类信息资源、人力资源、经济资源、技术资源,最大限度为信息用户提供服务

① 完全同意□　　② 比较同意□　　③ 同意□
④ 不太同意□　　⑤ 完全不同意□

13. 数字图书馆能够有效协调与数据库服务商、信息用户之间的关系,并能协助解决合作中的各种矛盾

① 完全同意□　　② 比较同意□　　③ 同意□
④ 不太同意□　　⑤ 完全不同意□

14. 信息用户能够较快地适应数字图书馆信息设备、信息技术等的变化

① 完全同意□　　② 比较同意□　　③ 同意□
④ 不太同意□　　⑤ 完全不同意□

15. 信息用户能够较快适应数据库服务商服务模式、服务方式的变化

① 完全同意□　　② 比较同意□　　③ 同意□
④ 不太同意□　　⑤ 完全不同意□

16. 链中利益分配方式合理,能将自然分配与按规则协调分配两类分配方式结合

① 完全同意□　　② 比较同意□　　③ 同意□
④ 不太同意□　　⑤ 完全不同意□

17. 链中信息主体得到的利益与其付出成比例,对链中协调运行贡献越大的信息主体获得的利益越多

① 完全同意□　　② 比较同意□　　③ 同意□
④ 不太同意□　　⑤ 完全不同意□

18. 链中利益分配过程中不存在隐藏、欺瞒等现象,利益分配规则及过程公开透明

① 完全同意□　　② 比较同意□　　③ 同意□

④ 不太同意□　　⑤ 完全不同意□

19. 数据库服务商、数字图书馆及信息用户均获得了自身需要的利益类型（例如经济效益创造、形象提升、社会影响力扩大、知识量增加、素质提升等）

① 完全同意□　　② 比较同意□　　③ 同意□
④ 不太同意□　　⑤ 完全不同意□

20. 数据库服务商、数字图书馆、信息用户获得的利益量与其期望相吻合

① 完全同意□　　② 比较同意□　　③ 同意□
④ 不太同意□　　⑤ 完全不同意□

21. 数字图书馆运用的各种信息技术（信息设备、信息系统、数据库等）能提升链中信息流转效率

① 完全同意□　　② 比较同意□　　③ 同意□
④ 不太同意□　　⑤ 完全不同意□

22. 数字图书馆运用的各种信息技术设备、信息系统与其他信息技术是相互匹配的，它们的组合运用能提高链中信息流转效率

① 完全同意□　　② 比较同意□　　③ 同意□
④ 不太同意□　　⑤ 完全不同意□

23. 信息用户能够熟练运用数字图书馆的新设备、新技术获取数字信息

① 完全同意□　　② 比较同意□　　③ 同意□
④ 不太同意□　　⑤ 完全不同意□

24. 链中各类信息制度相对全面和完整

① 完全同意□　　② 比较同意□　　③ 同意□
④ 不太同意□　　⑤ 完全不同意□

25. 链中各类信息制度之间是相互协调、没有矛盾和冲突的

① 完全同意□　　② 比较同意□　　③ 同意□
④ 不太同意□　　⑤ 完全不同意□

26. 链中各类信息制度都有较强的可执行性，能够对各类主体的行为起到实质的规约作用

① 完全同意☐　　② 比较同意☐　　③ 同意☐
④ 不太同意☐　　⑤ 完全不同意☐

27. 信息用户能从数字图书馆获取满足自身需求类型的数字信息，如学术期刊文献信息、理财信息、科普信息等

① 完全同意☐　　② 比较同意☐　　③ 同意☐
④ 不太同意☐　　⑤ 完全不同意☐

28. 信息用户能从数字图书馆获取满足自身需求形式的数字信息，如文字文本信息、图片信息、音频信息、视频信息等

① 完全同意☐　　② 比较同意☐　　③ 同意☐
④ 不太同意☐　　⑤ 完全不同意☐

29. 信息用户能从数字图书馆获取满足自身需求的具有较高权威性、真实性、全面性的高质量信息

① 完全同意☐　　② 比较同意☐　　③ 同意☐
④ 不太同意☐　　⑤ 完全不同意☐

30. 数据库服务商之间不存在恶意降价、打压对手的竞争方式

① 完全同意☐　　② 比较同意☐　　③ 同意☐
④ 不太同意☐　　⑤ 完全不同意☐

31. 在购买数据库过程中，数据库服务商和数字图书馆能够协商到合适的价格

① 完全同意☐　　② 比较同意☐　　③ 同意☐
④ 不太同意☐　　⑤ 完全不同意☐

32. 数字图书馆提供的有偿服务都是合理的，且都是信息用户能够接受的

① 完全同意☐　　② 比较同意☐　　③ 同意☐
④ 不太同意☐　　⑤ 完全不同意☐

33. 不同的信息用户在同一时间可以获取到相同的数字信息

资源

① 完全同意□　② 比较同意□　③ 同意□
④ 不太同意□　⑤ 完全不同意□

34. 数据库服务商和数字图书馆之间权责分明,在合作过程中分工详尽、具体

① 完全同意□　② 比较同意□　③ 同意□
④ 不太同意□　⑤ 完全不同意□

35. 数据库服务商和数字图书馆之间不会因分工不明确而产生矛盾

① 完全同意□　② 比较同意□　③ 同意□
④ 不太同意□　⑤ 完全不同意□

36. 数字图书馆和信息用户之间分工明确,不存在服务不到位或过度服务的现象

① 完全同意□　② 比较同意□　③ 同意□
④ 不太同意□　⑤ 完全不同意□

37. 数字图书馆与信息用户之间就服务内容、服务方式、服务程度等达成了良好的默契

① 完全同意□　② 比较同意□　③ 同意□
④ 不太同意□　⑤ 完全不同意□

38. 数据库服务商与数字图书馆、信息用户之间能互相配合、协调运行,共同促进链中信息流转

① 完全同意□　② 比较同意□　③ 同意□
④ 不太同意□　⑤ 完全不同意□

39. 数字图书馆与数据库服务商、信息用户是平等的,不存在上下级及领导与被领导的关系

① 完全同意□　② 比较同意□　③ 同意□
④ 不太同意□　⑤ 完全不同意□

40. 数字图书馆与数据库服务商、信息用户合作次数较多,交

流比较频繁

　　① 完全同意□　　② 比较同意□　　③ 同意□
　　④ 不太同意□　　⑤ 完全不同意□

41. 数字图书馆与数据库服务商、信息用户间有长期、稳定的合作关系

　　① 完全同意□　　② 比较同意□　　③ 同意□
　　④ 不太同意□　　⑤ 完全不同意□